KB096945

서로다른

애국심

저자 김복수

창조와 지식

서로 다른 애국심

책을 펴면서

　20여 년 전, 한국의 모 TV 시사프로그램에서 일본의 국회 대정부질문 상황을 일부 편집 방영한 적 있다. 어느 일본 국회의원이 (일본)정부를 향해 '우리(일본)는 왜 세계 제일이 되지 못하고, 항상 2등만 하느냐'며 따지는 모습을 보고, 본 저자는 적지 않은 충격을 받았다.

　물론 매번 위와 같은 질문을 반복할 수 없지만, 일본인들의 머릿속에는 세계 최고가 최종 목표임을 함축적으로 드러낸 대정부질문이었다. 그들은 세계 최고가 돼야 직성이 풀리고, 그만큼 원대한 꿈을 가지고 있음에 새삼 확인할 수 있는 대목이었다.

　그에 반해 국내의 국회 대정부질문 내용을 돌아보면, 자신의 지역구에 국비를 쏟아부어 달라거나, 여당과 야당, 진보와 보수진영의 볼썽사나운 싸움판이 주를 이룬다. 언론은 이런 싸움판에 끼어들어 판을 키웠다, 줄였다하며 장사 속내를 드러내기도 하고 감추기를 반복한다.

　일반대중들도 해당 지역구 국회의원들이 의정 활동과 활약으로 거주지역에 타당성, 당위성과 무관하게 각종 기반 시설물 등을 유치하고, 건설하는데 초점을 둔다. 건설 후 사용 유무, 적자 등과는 무관한 사안이기도 하다. 또한 자신의 정치 성향과 지지하는 진영에 따라 국회 대정부질문 시 공격을 어떻게 했고, 대응은 어떻게 했는지가 더 관심사이기도 하다.

　한국사회에서는 언젠가부터 정당 간 이전투구나 정당 내 불협화음 등이 발생하면 조선조의 사색당쟁에 대한 병폐를 언급하며, 나쁜 답습이 이어지고 있다고들 한다. 이는 국가보다 당파, 문벌을 우선시하고 가족·개인이기주의에 매몰되었기 때문일 것이다. 이 변함없는 배타적 이기주의는 언제, 어떻게 이 땅에 매우 나쁘게 뿌리내렸는지는 알 수 없다. 너무 오래된 역사는 차치하고, 조선시대의 왕조실록을 근거로 그 시대의 사고 의식과 행동거지를 한정해 살펴보면, 나쁜 일관성은 오늘날과 거의 일치하고, 그대로 이어지고 있음이 확인되고 있다. 또한 뿌리 깊은 사대주의도 그 대상만 바꿨을 뿐 명맥은 그대로 유지되고 있으니 안타까움을 더할 뿐이다. 수도 없이 많은 외세의 침략을 받고도 얼마 가지 않아 망각하는 것조차 전혀 변함이 없다.

한반도를 가장 많이 침략, 노략질한 일본은 다시 전쟁이 가능한 국가로 회귀하려고 하는데, 한국에서는 식민 지배의 치욕을 벌써 망각하고 일본과의 군사적 동맹에 대해 우호적 견해가 더 우세하니 할 말조차 잊게 한다.

위와 같이 국가 간 굴욕에는 망각하려는 반면, 동족 간에는 이미 폐기된 좌우 이념을 받들어, 원수지간을 유지함에 오히려 자랑스러워하기도 한다. 때로는 급변하는 국내·외 정세에 따라 철 지난 이념을 적절히 활용하며, 서로 손을 내밀기도 하고 내치기도 한다. 아무튼 주로 상호 동족을 폄하고, 욕도 하고 적대시해야 건전한 사상을 가진 사람으로 인정받는 세상이 바로 여기 한반도이다.

한반도 주변국들은 세계의 주도국이 되고자 혈안인데, 대한민국은 여전히 동족이 최대 적이어야 하고, 답 없는 당파싸움으로 힘을 빼는 것에 부끄러워하지 않는다. 아직 최대 적이 누구인지를 정하지 못한 대한민국은 국가 부채가 1,000조 원을 이미 넘었고, 국가별 부채율도 최상위권으로 빚더미에 앉아 있지만, 많은 한국인은 스스로 잘사는 나라로 착각하고 있다. 이어 국가의 부채와 자신을 일치시키지 않는 개념은 매우 강하다. 이런 나쁜 사고 의식은 전쟁과 같은 국난, 대형재난 등이 발생하면 국가와 자신을 분리시키려는 현상으로 이어지게 된다. 이는 역사가 증명하고 있다.

본고에서는 조선왕조실록을 토대로 국난과 재난 등이 발생했을 때 조선조의 모습이 어떠했는지 확인해 보고, 지금의 대한민국을 되짚어 보려고 한다. 그리고 강조가 필요한 내용은 반복 언급도 피하지 않았다.

한반도 주변국 일본은 세계 제일을 꿈꾸고 있고, 중국은 지금 세계 투톱이 되었다. 대한민국은 도대체 무엇이 최대 목표일까? 주변국과 오래도록 끊어지지 않는 열세적 국가관계를 역전시키려면, 먼저 시민의식이 깨어있어야 하고, 낡은 사고를 바꿔야만 한다.

교과서적이고, 과거 지향적인 '유구한 역사, 찬란한 문화를 지닌 우리 민족'을 되뇌기보다 '세계 최고가 되자'는 뚜렷한 목표를 갖기를 갈망해 본다. 그리고 그 목표가 허황함이 아닌 반드시 이룩하는 우리 민족이 되기를 기원해 본다.

그러기 위해서 저자는 한국사회의 일부 감춰진 면을 들춰내 살펴보고, 조선조의 모습과도 비교하며, 대한민국의 일면을 되돌아보는 시간을 본고에 새겨 보았다.

2024년, 어느 봄날

차례

3. 조공

4. 분열

5. 시민의식

6. 시선

7. 사회 저변

1. 법계

01. 법의 무효성

    법은 질서를 유지하고 사회가 유지되기 위해 정의를 실현함을 직접 목적으로 하는 국가의 강제력을 수반하는 사회적 규범 또는 관습을 말한다.

    위와 같은 법의 정의는 서구사회에서 단어를 조합하여 구성한 내용을 다른 여러 사회에서도 그대로 옮겨 사용하고 있다고 할 수 있다. 한국사회의 법의 이력 또는 역사를 보면 절대 순수 한국적이지 못하다. 조선시대에는 중국왕조 명나라의 법, 대명률을 따랐다. 일반적으로 한국의 교과서에서는 사용을 꺼리고 있지만, 조선은 명나라의 법률을 따르는 명확한 속국이었다. 어찌 보면 중국왕조 명나라보다 더 명나라의 기조를 지키려고 했고, 따랐던 왕조가바로 조선이었다.

조선이 그토록 의지하고 따랐던 명이 무너지고, 또 시대가 변해 다시 청나라까지 망하면서, 일본제국이 아시아 대부분을 무력으로 지배하게 된다. 이로써 조선은 중국왕조의 속국에서 벗어남과 동시에 일본제국의 법제 아래 총과칼로 지배를 당했다.

그리고 일본제국의 패망으로 조선은 해방이 되고 잠시미군정 시절을 겪는다. 그 후 분단된 조국에서 급히 단독으로 대한민국 정부를 수립하면서, 대한민국에 맞는 완전새로운 국법, 헌법을 만들지 않았다.

대한민국 정부는 일본제국이 식민 지배하면서 사용하다가 버리고 간 일본제국법을 토대로 일부 수정하여 1948년7월 17일 대한민국 헌법으로 제정 선포하였다.

그 후 지금까지 9차례 헌법 개정을 거쳤는데, 개정의주요 목적은 주로 대통령직을 얼마나 오랫동안 해 먹느냐마느냐와 그 직의 위기 모면 때였다. 오직 일개인의 영달을 위해 헌법을 장난질했으니 헌법의 권위가 그다지 높지못함을 알 수 있다.

이와 달리 일본의 헌법 개정 주요 목적은 소위 '평화헌법'이라고 하는 헌법 9조를 개정하여 전쟁 가능한 국가로 만들겠다는 것이다. 일본제국의 식민 지배와 전쟁을 겪은 한국 등 동아시아국가에서는 일본의 이러한 행위에 매우 민감하고 불쾌한 사안일 수밖에 없다. 우리나라의 헌법 개정의 목적과는 차원이 달라도 너무도 다르다. 국익보다 이기를 우선하는 한국의 행동과 대비되는 일본의 행위에 부럽기도 하고 얄밉기도 하다. 다른 한편으로 그런 나쁜 자신감마저 있을 수 없는 우리가 부끄럽기도 하다.

국법이 그 본연의 권위와 신뢰가 상실한 국가와 사회에서는 부정부패, 비리가 정당화되기 마련이다. 그러하니 국법을 준수하는 것보다 돈과 힘을 이용하여 법을 지배하려는 개인과 집단이 득세하게 된다.

대한민국에서 소위 힘 있는 개인이나 집단은 대한민국 국법을 자신에게 유리하면 악법과 무관하게 철저히 고수하고 남용을 일삼는 것을 기본으로 한다. 국가와 전 국민의 발전과 안위 등에는 안중에도 없는 슬픈 역사적 내력을 여럿 가지고 있다.

조선왕조실록을 보면 조선 건국의 기조가 얼마나 중국 왕조를 신봉하고 대명률을 따르겠다는, 태조 이성계의 즉위 교서에 명확히 나타나 있다.

『태조실록 1권, 태조 1년 7월 28일 정미 1392년 명 홍

무(洪武) 25년 태조의 즉위 교서

중외(中外)의 대소 신료(大小臣僚)와 한량(閑良)·기로(耆老)·군민(軍民)들에게 교지를 내리었다.

…중략

"천자(**명 황제**)는 칠묘(七廟)를 세우고 제후(諸侯)는 오묘(五廟)를 세우며, 왼쪽에는 종묘(宗廟)를 세우고 오른쪽에는 사직(社稷)을 세우는 것은 옛날의 제도이다. 그것이 고려 왕조에서는 소목(昭穆)의 순서와 당침(堂寢)의 제도가 법도에 합하지 아니하고, 또 성 밖에 있으며, 사직(社稷)은 비록 오른쪽에 있으나 그 제도는 옛날의 것에 어긋남이 있으니, 예조(禮曹)에 부탁하여 상세히 구명하고 의논하여 일정한 제도로 삼게 할 것이다."』

칠묘(七廟)는 중국 주대(周代:기원전 1046년~기원전 256년)의 천자(天子)의 종묘(宗廟)를 가르킨다.

위 내용은 정리하면 멸망한 고려는 주 왕조의 예법을 따르지 않았고, 본인 이성계가 개국한 조선은 주 왕조의 예법을 철저히 따르겠다는 의미이다. 당일의 실록 기록을 이어서 보면

『태조실록 1권, 태조 1년 7월 28일 정미 1392년 명 홍

무(洪武) 25년 태조의 즉위 교서

…상략…

"지금부터는 서울과 지방의 형(刑)을 판결하는 관원은 무릇 공사(公私)의 범죄를, 반드시 《대명률(大明律)》의 선칙(宣勅)을 추탈(追奪)하는 것에 해당되어야만 사첩(謝貼)을 회수하게 하고, 자산(資産)을 관청에 몰수하는 것에 해당되어야만 가산(家産)을 몰수하게 할 것이며, 그 부과(附過:**공무상 과실이 있을 때 곧 처벌하지 않고 관원 명부에 적어 두는 것**)해서 환직(還職)하는 것과 수속(收贖)해서 해임(解任)하는 것 등의 일은 일체 율문(律文)에 의거하여 죄를 판정하고, 그전의 폐단을 따르지 말 것이며, 가구소(街衢所:**구류소 같은 곳**)는 폐지할 것이다."

…하략』

전문 중 생략한 부분이 많으나, 위와 같이 태조 이성계는 즉위 교서에서 형법은 명나라의 대명률을 따른다고 공포하였다.

조선은 명나라의 대명률을 따랐고, 대한민국은 일본제국의 헌법을 기초로 수정, 보완하여 헌법을 제정하였으니 온전한 대한민국의 헌법이 아니게 된다. 이로써 대한민국의 헌법은 일본제국이 통치 수단으로 활용한 체제가 일부 그대로 이어지게 된다. 그 연유로 지금의 대한민국 권력 기관은 최대 수혜자가 되어 계속 대한민국의 국민 위에 군림할 수 있게 된다. 그중 가장 대표적인 것이 국민을 무소불위로 농락하고 있는 검찰 제도와 사법기관 등이다.

이는 현 대한민국의 검찰과 사법계 등이 매우 만족감을 느끼며 활용하고 있다. 일제가 식민 지배용으로 사용한 법을 지금의 대한민국은 일제보다 더 엄중히 고수하고 있다.

조선 말기 김옥균, 박영효 등은 청일전쟁(1894~1895년)에서 승리한 일본의 위세와 지원을 등에 업고 갑오개혁(1895년)을 주도했다. 이때 지금의 검찰 제도인 '재판소 구성법'이 공포된다.

이는 조선왕조 500년 동안 받들었던 중국왕조의 대명률을 거부하고 일본제국의 법을 따르겠다고 선포한 꼴이 되었다. 갑오개혁 10년 후인 1905년 을사늑약이 체결되고, 조선은 외교권 박탈을 시작으로 일본 검찰 제도도 식민지 조선에 강력한 형태로 뿌리내려 갔다.

일본제국은 식민지 조선을 강력한 법과 제도를 시행하는 실험 대상지로 여겼다. 검찰권에 있어서 경미한 범죄자는 불기소(기소유예)할 수 있는 '검사의 기소편의주의' 관행을 만들었고, 검사도 판사에 준하는 '사법관'이라는 인식도 만들었다. 말이 경미한 범죄자이지 범죄의 경중과 무관하게 뇌물 등의 상납을 적절히 하면 불기소할 수 있는 특권을 이때부터 확립시킨 것이다.

검찰의 기소편의, 수사권, 기소독점권 등은 해방 이후 잠시 주춤했으나 얼마 후 되돌아왔다. 현 대한민국 검찰의 무소불위 원천은 일본제국의 설계였다. 일제강점기에 검찰과 어깨를 나란히 했던 일본순사의 위력은 해방된 조국에서도 그대로 이어져 행패와 부패, 악행과 부조리가 하늘을 찔렀다.

해방이 되면서 일본순사의 손아귀에서 벗어났나 싶었는데 다시 조선순사에게 수난을 당하게 되니 민심은 경찰보다 검찰에게 믿음을 갖게 된다. 그 덕에 "형사사건에 관하여 어떤 범죄라도 직접 또는 사법경찰관리를 지휘하여 수사하고, 그 결과에 의해 공소 제기 또는 불기소처분의 결정을 하며, 공판 진행에 필요한 사무를 수행한다."는 검찰청법이 1949년 12월20일 제정된다. 이렇게 해서 대한민국 검찰은 일본제국이 저질러 놓은 악행 덕에 이중삼중으로 권한과 권력을 고스란히 잡게 되었다.

일제로부터 탄생 된 그들은 아무리 중범죄자이어도 자신의 입맛에 따라서 기소하거나, 하지 않아도 되는 권한과 권력까지 이양받았다. 소문에 대한민국 대통령을 만들기도 하고, 길들이기도 한다고 하는 검찰은 일본제국이 만들어 놓고 간 괴물 혹은 계륵이 되고 말았다.

바다 건너 일본은 이런 대한민국 검찰들의 행태를 보며

한편으로는 흐뭇한 표정과 다른 한편으로 비웃음 짓는 모습이 눈에 아른거린다. 그들은 얼굴로만 표현하는 것이 아니라, 실제 이런저런 이유를 들먹여 끊임없이 대한민국을 조롱하는 혐한의 목소리를 높이고 있다. 더 가관인 것은, 한국에서 이를 동조하는 한국인들도 계속 증가하는 것이 엄연한 현실이다. 대한민국의 헌법조차, 검찰의 지휘권마저도 일제에 의해 좌지우지되었으니 여러모로 일본의 혐한 목소리는 더 커지는 모양새를 띠고 있다.

아무튼 본고에서는 일본과 혐한에 관한 내용은 필요에 따라서 가끔 언급해야 할 듯하다.

02. 검사 그리고 경찰

일본제국은 패망했지만 식민 지배를 당한 대한민국은 아직도 일제의 그늘을 벗어나지 못하고 있다. 아니 일제의 그늘을 벗어나지 않으려고 애쓰는 모습이 곳곳에서 확인된다. 정부의 일부 기관은 자신들의 조직에 득이 되고, 유리하다면 일제가 버리고 간 간악한 행태를 유지하려고도 한다.

일제가 조선을 지배하기 위해 만든 사법체제 중 하나인 검사와 경찰의 시작은 1894년 갑오개혁부터이다. 청나라는 청일전쟁(1894년)에서 일본에게 패배한 후 조선의 기득권을 포기하고 철수하게 된다. 청일전쟁에 승리한 일본은 조선을 지배권 아래 두면서 갑오개혁을 주도하며 검사도 만들고, 경찰도 만들게 된다.

한국의 역사에서는 굳이 을사조약(1905), 한일합병

(1910)으로 일제 식민지가 되었다고 한다. 하지만 위는 상호 형식에 불과한 문서상 명확함을 확인하는 절차일 뿐, 1984년 청일전쟁 이후 조선은 일본의 지배권에 있었다고 봐야 한다.

갑오개혁은 조선의 모든 체제를 일본제국의 체제로 바꿔 가는 시발점이었다. 그중 사법 분야에서는 지금 대한민국 검사에게 막강한 권한이 부여되는 단초가 되었다. 식민 체제를 염두에 둔 포석인 셈이었다. 대한민국의 검찰에 관해서는 거의 모두 일본의 검찰법을 그대로 본받았고, 더 강화하고, 악화시켰다고 보는 것이 타당하다. 지금 대한민국에서 무소불위의 권력을 휘두르는 검사들은, 자신들을 존재하게 해준 일본에서 공덕을 빌지 않을 것으로는 믿고 싶다.

검사와 경찰은 갑오개혁으로 만들어져 130여 년 세월 속에 각 시대 상황에 따라서 각각 막강한 권력을 누리기도 하고, 휘두르기를 즐기기도 한다. 그들의 관계를 직장 개념으로는 상사와 부하, 조폭의 개념으로는 두목과 똘마니로 인식되기도 한다. 경찰 입장에서는 매우 자존심 상하는 일이기는 하나 직급을 보면 반박이 불가하다.

검사는 임관하면 무조건 공무원 3급직으로 시작한다. 경찰의 하위직 순경은 9급직이고, 경찰서장인 총경은 4급직이다. 총경의 평균 나이는 50대이고, 경찰 경력이 20년 정도인데도 초임 검사에게는 읊조리고 지휘를 받아야 하는 구조이다. 검사는 법무부 하부기관이고, 경찰은 행정안전부 하부기관인데도 한국에서는 검찰청이 경찰청을 지휘하는 희귀한 구조를 하고 있다. 그래도 대한민국의 경찰은 별다른 반발을 하지 않는다.

또한 더 희한한 일은 검사들은 법무부 하부기관이 아닌 대한민국의 검찰기관, 아니 그냥 대한민국을 군림하는 검사로 여기고 있다는 것이다. 그런 무소불위의 절대 견제받지 않는 권력으로 성장한 첫 배경은 앞서 언급한 바와 같이 일본제국의 지원 아래 시도한 갑오개혁과 그 후 식민 치하에서 완성된 것이다.

갑오개혁 때 조선의 사법체제가 만들어졌어도, 당시에는 대형 사건 사고가 발생하지 못하는 매우 궁핍 조선 말기였고, 이미 국가의 체제가 무너진 상태였다. 부연하면 갑오개혁이 진행 중이었던 1895년에 일본의 낭인 무뢰배들이 조선 왕궁에 쳐들어가 조선의 왕후를 마구잡이로 시해할 정도였으니, 온전한 국가라고 하기에는 무리가 있다. 이런 국가 체제에서 당시 조선의 검사 또는 경찰이 감히 위법과 불법을 따지거나 운운하는 자체가 언감생심이고 여력도 권한조차 없던 허망한 시대였다. 물론 일반 범죄자의 처리는 예외 사항의 일이다.

가슴 저리는 말이지만, 일제는 조선을 편리하게 통치하

기 위해 1912년에 조선형사령을 만들어 검사와 사법경찰
관에게 무제한 강제수사할 권한을 부여하게 된다.

문제가 되는 조선형사령을 보면

제5조 ① 다음 각호의 관리는 검사의 보좌로 그 지휘를
받아 사법경찰관으로서 범죄를 수사하여야 한다.

1. 조선총독부 경무부장
2. 조선총독부 경시·경부
3. 헌병장교·준사관·하사

② 전항의 사법경찰관은 검사가 직무상 발하는 명령에
따른다.

제12조 ① 검사는 현행범이 아닌 사건이라 하더라도 수
사 결과 급속한 처분을 요하는 것으로 인정되는 때에는
공소제기 전에 한하여 영장을 발부하여 검증·수색·물건
을 차압하거나 피고인·증인을 신문하거나 감정을 명할
수 있다. 다만, 벌금·과료 또는 비용배상의 언도를 하거
나 선서를 하게 할 수 없다.

② 전항의 규정에 의하여 검사에 허가된 직무는 사법경
찰관도 임시로 행할 수 있다. 다만, 구류장을 발행할 수
없다.[1]

위 5조에 검사의 지휘를 받아 사법경찰관이 수사 가능하도록 하고 있다. 법령상 위와 같으나 실질적으로는 일제강점기에 검사가 특별한 권한을 행사했지만, 그의 수가 부족하고, 조선을 지배하고 있는 상황이라 일제가 저지르면 그게 바로 법이 되는 시대였다.

그러다 보니 인원이 많은 경찰이 여러 권한을 쥐며, 직접 수사권도 행사하고 도를 넘는 행동도 서슴치 않았다. 일제강점기에 매년 검사와 경찰의 인원이 증가하는데, 1930년대 이후 검사는 1백여 명, 경찰은 2만 명이 넘었다.

당시에는 식민지 시절이라 일제가 제정해 놓은 검사의 경찰 지휘권이나 수사권 남용 등 그 어떤 법령에도 관여하지 못하는 처지가 조선인이었다. 하지만 해방이 된 대한민국에서도 여전히 일제가 만들어 놓은 일제의 법령을 적극 활용하고, 일제의 법령을 등에 업고 유세 떠는 곳이 바로 여기 대한민국 검사 집단이다.

해방 이후 남측에서는 미군정기에 분단된 조국을 내팽개치고 단독정부 수립에 급급했다. 그러기 위해서는 먼저 제헌국회를 만들고 헌법을 제정해야만 했다. 남북분단을

---

1) 국가법령정보센터 조선형사령, 조선총독부제령 11호 1912. 4.1 시행 (1912.3.18. 제정)

막고자 김구와 김규식 등이 평양에 방문하여 김일성, 김두봉과 남북 협상한 것은 1948년 4월 22일이다.

하지만 이승만을 필두로 남측에서 단독정부를 수립하기 위한 제헌국회의 총선거는, 남북 협상이 있었던 20여 일 후인 1948년 5월 10일이다. 헌법을 제정한 날도 역시 같은 해 7월 17일, 대한민국 정부수립은 1948년 8월 15일이다. 제헌국회에서 헌법을 입법하고 제정이 완료된 기간은 불과 2개월 정도 걸렸다.

앞서 미군정 법령 11호에 '일제 법규의 일부 개정, 폐기의 건'을 1945년 11월 9일 공포2)했으나 대한민국은 다시 일제의 법령이 그대로 유지, 표절하여 헌법으로 제정 공포하게 된다.

제대로 된 논문 한 편을 집필하려고 해도 최소 1년 이상의 시간이 소요된다. 그런데 한 국가의 헌법을 단 2개월 만에 제정했으니 기가 찰 노릇이다. 늘 반복되는 논문 표절, 대필, 매매 등이 당연시 되는 원인을 멀리서 찾을 필요가 전혀 없다.

대한민국의 헌법 제정 때부터 일본제국이 버리고 간 법을 그대로 베끼고, 조금 어색한 부분은 영미법을 조금 윤색, 짜깁기, 표절한 것이 대한민국의 최초 헌법이었다.

---

2) 한국법제연구회, 미군정법령총람 p.131

속전속결로 제헌국회를 만들고 헌법을 제정해야만 했던 이유 중 하나는 자신의 감투가 요원해지는 남북통일보다 단독정부를 수립해 요직을 두루두루 나누려는 무리가 많았기 때문이었다. 제헌국회부터 정부수립까지 단 3개월이 소요되었다. 날치기와 일제의 법을 표절하다 보니, 아니 그보다 일제의 법이 위정자에게는 매우 유용하기에 일본제국의 검사, 경찰의 권한이 대한민국에서도 그대로 적용된 것이다.

그 부작용으로 대한민국의 법령에는 여전히 일본법령 용어가 그대로 사용하고 되고 있다. 이를 개선해야겠다는 첫 시도는 2004년 '알기 쉬운 법령 만들기'부터이고 그 후 사법당국, 국회 등에서 일본법령 용어를 폐기하고자 여러 방안을 내놓는 등 노력은 했으나 큰 진전은 없다.

일제가 조선을 통치하기 위해 일제의 법령을 식민지 조선에 맞게 일부 개정했는데, 해방된 대한민국에서는 검사와 경찰에 관한 권한과 체제를 거의 그대로 계승했다. 다시 말해 식민지 시절 일제의 검사와 경찰이 해방 후 조선의 검사와 경찰로 부활하게 된 것이다.

식민지 시절 일제 경찰들의 위세는 하늘을 찔렀다. 해방된 지 30여 년 지난 70년대까지도 민간에서는 '일본 순사 온다고 하면 울던 아이도 울음을 그쳤다'는 말이 전해져 왔을 정도였다. 그런 일본 순사는 해방 이후 미군정기를 거치고, 1948년 8월 15일 졸속으로 대한민국 정부가 수립되면서 그들 조선인 출신 일본 순사들은 다시 대한민국의 경찰이 되었다. 일제강점기에 경찰의 하위직은 일본인보다 조선인들이 훨씬 많았다. 일제 시절 조선인 출신 일본 순사들은 그 막강한 위세를 휘둘러 본 경험으로 1950년 한국전쟁이 발발하면서 악랄한 위력을 다시 떨치게 된다.

전쟁 기간 중 북한군에게 협력한 자를 색출한다는 명목으로 수많은 양민을 학살한 주범은 바로 대한민국 경찰과 국군, 그리고 미군이었다. 난리통에는 검사의 존재는 있을 수 없었다. 당시에는 적과의 내통이 의심만 되어도 빨갱이라 몰아세우고, 집단 학살하는 판국에 무슨 수사를 하고, 기소를 하고, 재판정에서 판결을 기다리는 등등의 복잡한 절차가 있을 수 없었던 비극의 시대였다.

동족상잔의 비극이 끝난 후 사법체제를 재정비하게 된다. 식민지 시절 일본 순사의 살벌함과 한국전쟁 중 한국 경찰의 만행까지 익히 경험한 사법당국과 국민 여론은 경찰의 권력 남용을 막으려 한 것이었다.

그 방법은 아주 간단했다. 일찍이 일제가 제정해 놓은 검사의 경찰 지휘권 등을 다시 꺼내 유지, 부가시키면 되는 것이었다. 1954년, 대한민국 국회는 여러 과정을 거쳐 이를 법제화하여 국회 법안 통과시킨다. 이로써 복잡한 수식어, 미사여구 없이 대한민국 경찰은 검사의 똘마니가 합법화된 것이다. 어쩌면 무소불위의 권력이라고 비판받는 대한민국 검사들 입장에서는 일본제국이 검사를 만들고 권한까지 많이 줬으니, 일본제국 탓을 하라고 할지 모를 노릇이기는 하다.

현재 대한민국의 경찰은 검사의 경찰지휘권, 수사·기소 독점권 등의 부당함에 제대로 목소리를 낼 수조차 없다. '절이 싫으면 중이 떠난다'는 속담이 있듯 경찰대 출신의 우수한 인재들은 이전에는 사법고시로, 지금은 로스쿨 진학으로 법조계 진출하여 경찰직을 떠나려 한다. 이는 경찰에서 아무리 잘 돼봐야 검사의 똘마니 노릇이고, 경찰의 독립성이 전혀 없는 검사 하수인 역할은 하고 싶지 않은 심경도 작용했기 때문일 것이다.

앞서 언급한 바 있듯 4~50대에 4급 공무원 총경으로 진급하여 경찰서장이 된들 2~30대 3급 공무원 초임 검사에게 지시를 받는 꼴이니, 우수한 경찰대 인재들은 진로를 고민할 수밖에 없다. 지금도 경찰대 재학생 30~40%는 로스쿨 진학을 준비한다고 한다. 그러다 보니 경찰대에서는 경찰에 대한 강한 자부심이 있는 학생이거나 아니면 로스쿨에 가지 못한 학생들만 남는 슬픈 결론이 대한민국 경찰대학교의 엄연한 현실이다.

경찰이 검찰에게 하대 받는 것과 경찰이 국가에 충성하고, 국민 치안 담당에 충실한 것과는 무관하다. 경찰이 검사에게 종속되어 있다고 해서 측은지심이 발동되는 것도 아니다. 경찰 집단은 국가 공무원 중 뇌물수수, 비리 등등에 연루되어 범죄자를 가장 많이 배출되는 조직이기도 하다.

이와 달리 검사는 자신들이 어떤 범죄를 저질러도 범죄 성립을 시키지 않는 그들만의 조직 특권을 가지고 있어, 범죄는 있어도 범죄자는 없다. 경찰과 매우 대조적이다.

03. 배반

배반은 한때 같은 목적과 이상을 가진 한 편이었다가, 서로 수지타산이 맞지 않을 때 많이 발생한다. 상호 이익과 손실의 폭이 클수록 배반의 효과와 역효과는 크다. 배반자가 권력을 쟁취하면 배반이 아니라 정복자가 되는 것이 인간사회이다. 동물무리도 마찬가지이다. 배반의 결과가 좋으면 정당한 것이 되고 보상도 따르지만, 결과가 나쁘면 패가망신에 더해 보복의 칼날을 피할 수 없다.

누구나 잘 알 듯 조선의 탄생도 배반으로부터 시작되었다. 고려 국왕이 이성계를 군 사령으로 임명하여, 중국 요동 일대 정벌을 명령했는데, 그는 이를 거부하고 중국 명나라 숭배를 맹세하며 자국 고려를 멸망시키고 조선을 세웠다.

명나라를 섬김의 대상으로 여기고, 건국한 이성계의 조

선은 중국 한족의 명나라 숭배 사상에는 눈물겨울 정도였다고 해도 과언이 아니다. 한국의 교과서에는 이런 수치스러운 행위를 적시할 수도 없고, 자세히 알 필요가 없기에 다만 생략하고 있을 뿐이라고 봐야 한다.

태조 이성계가 정도전을 명나라에 보낼 때의 왕조실록 기록은 다음과 같다.

『태조 1년 10월 25일 1392년 명 홍무(洪武) 25년,

문하 시랑찬성사(門下侍郎贊成事) 정도전(鄭道傳)을 보내어 중국 남경[京師]에 가서 사은(謝恩)하고 말 60필을 바치게 하였다. 그 표문(表文)은 이러하였다.

"배신(陪臣) 조반(趙胖)이 남경에서 돌아와 예부(禮部)의 차자(箚子:**간단한 서식의 상소문과 유사**)를 가지고 와서 삼가 황제의 칙지(勅旨)를 받았는데, 고유(誥諭)하심이 간절하고 지극하셨습니다.

… 중략…

우(禑:**고려 우왕**)가 이미 요동(遼東)을 공격하는 일에 불화(不和)의 씨를 만들었으며, 요(瑤:**고려 공양왕**)도 또한 중국을 침범하는 일에 모의(謀議)를 계속하고 있었는데, 다만 간사한 무리들이 내쫓김을 당한 것은 실로 황제의 덕택이 가해지고,

… 중략…

신은 삼가 시종을 한결같이 하여, 더욱 성상을 섬기는 성심을 다하여 억만년(億萬年)이 되어도 항상 조공(朝貢)하고 축복하는 정성을 바치겠습니다. 臣謹當終始惟一, 益殫事上之誠, 億萬斯年, 恒貢祝釐之懇.』

위 끝부분 '항상 조공(朝貢)하고 축복하는 정성을 바치겠습니다.'는 실록에서 다소 굴욕적인 내용을 매우 순화하여 번역한 것으로 보인다. '恒貢祝釐之懇(항공축이지간)'은 '항상 조공하고, 축복으로 다스려 주길 간절히 바랍니다'가 표문 내용과 더 적합하다. 원문에 '정성을 바치겠습니다'라는 한자는 그 어디에도 없다. 한문의 뜻을 보면 다음과 같다. (恒:항상 항, 貢:바칠 공, 祝:빌 축, 釐:다스릴 리, 之:갈 지, 懇:간절할 간)

이성계는 자신의 조국인 고려를 배반하고 적국인 명나라에 대한 숭배를 맹세하며 조선을 세웠다. 정도전도 이성계와 함께 고려를 배반하고 조선 개국의 일등 공신이었지만, 몇 년 지나 이성계의 아들 이방원(태종)에게 죽임을 당한다. 기록은 다음과 같다.

『태조실록 14권, 태조 7년 8월 26일 1398년 명 홍무(洪武) 31년 제1차 왕자의 난. 정도전·남은·심효생 등이 숙

청되다.

(정)도전이 아들 4인이 있었는데, 정유(鄭游)와 정영(鄭泳)은 변고가 났다는 말을 듣고 급함을 구원하러 가다가 유병(遊兵)에게 살해되고, 정담(鄭湛)은 집에서 자기의 목을 찔러 죽었다. 처음에 담(湛)이 아버지에게 고하였다.

"오늘날의 일은 정안군(**이방원, 태종**)에게 알리지 않을 수 없습니다."

(정)도전이 말하였다.

"내가 이미 고려(高麗)를 배반했는데 지금 또 이편을 배반하고 저편에 붙는다면, 사람들이 비록 말하지 않더라도 홀로 마음에 부끄러움이 없겠는가?"

… 중략…

조준과 김사형 등이 말에서 내려 빠른 걸음으로 다리를 지나가매, 정안군이 말하였다.

"경 등은 어찌 이씨(李氏)의 사직(社稷)을 걱정하지 않는가?"

조준과 김사형 등이 몹시 두려워하면서 말 앞에 꿇어앉았다. 이에 정안군이 말하였다.

"정도전과 남은 등이 어린 서자(庶子)를 세자로 꼭 세우려고 하여 나의 동모 형제(同母兄弟)들을 제거하고자 하므로, 내가 이로써 약자(弱者)가 선수(先手)를 쓴 것이다."

…하략…』

위 이성계와 이방원의 행동이나 언행을 되짚어 보면 국가 이기주의는 전혀 없다. 오직 가족이기와 개인이기만 가득하다. 자신과 식솔의 이기를 위해서는 국가와 민족을 배반하는 것은, 순리라 여겼다. 그에 더해 중국 숭배는 당연하고, 배반에 동참한 공신마저 척살하는 것도 당연하다는 논리만 존재한다.

한반도의 역사를 비롯한 개인의 일상에서도 위와 같이 사리사욕만 챙기려고 배반하는 행위는 넘쳐난다. 어쩌면 배반하지 않고 의리를 지키는 것이 도리어 어리석고 몰지각한 행동인 양 비난의 대상이 되기도 한다.

이성계가 중국 명 황제에게 억만년을 조공하겠다는 약속은 명나라가 쇠망하면서 청나라로 이어졌다. 현 중국의 광활한 영토를 있게 할 만큼 강성했던 만주족 청나라도 서서히 쇠퇴해 가면서 조선은 일제의 식민지가 된다. 조공의 대상이 사라진 식민지 조선에서는 이제 끝없는 민족 배반자가 등장하게 된다. 조국을 배반한 일제 부역자, 친일반민족행위자들은 본인은 물론 그들 자손 대대로 일본제국의 은덕과 조국의 배반 값으로 호의호식하고 있다.

이 땅에서는 국가와 민족을 배반하고 주군을 배신하면 바로 성공 가도를 달리게 되고, 자손만대가 번창하는 전례가 너무도 허다하다. 근래에는 역사를 학교에서 배우고,

가르치는 것보다 TV 등 미디어를 통해 쉽게, 흔하게 접하고 알게 되는 경우가 더 많아졌다. TV, 미디어, 심지어 학교의 역사 수업에서조차 한반도의 지형적 형세에 관해 말할 때는 어김없이 '중국과 일본 등 강대국에 둘러싸인 샌드위치 형태가 되어 외침이 빈번할 수밖에 없었다'라고 거의 일치된 말을 한다.

이렇게 패배주의 의식을 인식시키다 보니 시청자들이나 역사를 배우는 학생들마저 이를 은연중에 당연하게 받아들이고, 세뇌되어 버리게 된다. 이런 한반도의 지형적 형세에서 살아남으려면 조공도 하고, 배반도 해야 한다는 당위성과 핑계를 스스로 구축하게 되는 것이다

너무 원초적인 말이지만 강대국은 지형에 따라 정해지는 것도 아니고, 초기 고대국가가 생성되면서부터 각각 국가의 등급이 지정되어 영원불변으로 전해오는 것도 아니다. 강대국은 국가와 민족, 구성원 스스로 만드는 것이거늘, 한반도의 사람들은 스스로 오랜 과거부터 사대주의에 갇혀 있는 경향을 자주 나타낸다.

일제는 조선을 지배하면서 식민지 합리화를 위해 식민사관(植民史觀)을 만들었다. 일제는 조선의 역사를 많은 부분 왜곡했지만, 조선의 역사를 조선보다 더 철저히 연구하기도 했다.

일례로 중국 길림성 집안시에 있는 광개토대왕비(**압록**

강, 북한국경과 직선거리로 1~2km 내 소재)를 일본제국이 최초 연구 조사하여 밝혀냈다.

앞의 실록에서 언급한 고려의 왕들은 압록강 넘어도, 고려의 영토이기에 되찾는 것이 당연하다고 여겨 북진정책을 전개했다. 광개토대왕비도 압록강 넘어 소재하고 있는데도 불구하고, 이성계의 사고(思考)는 압록강 이북은 명나라의 영토이어야만 했다. 이러한 이성계, 조선조의 사고방식은 오늘날 많은 한국인의 사고방식과 유사하게 혼재, 상통하고 있다.

아무튼 일제의 왜곡된 식민사관을 따르는 배반한 조선의 역사학자들이 일제의 파수꾼 노릇을 죄책감 없이 하면서 왜곡된 역사가 현재에도 만연하다. 일제의 식민사관은 굳건히 효력이 이어져 여태껏 친일 행위마저 정리하지도, 뿌리 뽑지도 못하고, 갈팡질팡하게 하고 있다.

주군과 조국을 배신해서 권력을 잡으면, 더 많은 배신자가 나타나 주력 배신자를 지지하고 따르는 전례는 이 땅에서 그리 낯설지 않다. 그리하여 자신의 권좌를 보존하기 위해 주변국을 섬김에 있어 백성의 고혈을 짜는 것은, 시대를 막론하고 변함이 없다. 배신자가 되고 그 무리가 되면 남의 재산, 국가의 재산을 본인의 개인 돈처럼 쓰는 것에 전혀 부끄러움을 느끼지 못하는 사례 또한 넘쳐난다.

조선시대에는 배반의 대가로 주기적으로 공물과 공녀를

중국에 바쳤지만, 현재는 미국에게 천문학적 금액의 전투기 등 무기를 구입해 주어야 하고, 일본에게는 항상 무역 적자를 보면서 수세적 언행을 취해야만 한다. 정권마다 정도의 차이는 있지만, 크게 다르지 않은 대외적 형국을 유지하고 있다. 배반자인 경우는 위와 같은 비굴한 행위를 더 적극적으로 하는 경향이 나타나고 있다

04. 준법정신

인류 초기의 법은 고대국가가 성립하고 사회구성원의 안전, 보호, 질서, 평화 등등의 유지를 위한 규제가 요구되어 생성된 것으로 유추할 수 있다. 문자가 만들어지기 전이나, 기록에 남아 있지 않은 고대의 법에 관한 이야기는 확인할 수 없다. 고대국가에서는 법의 울타리 내에서 얼마나 잘 생활했는지도 알 수가 없다. 흔히 하는 말로 사람 사는 곳(공간과 시간을 포함해서)은 다 마찬가지라고 한다. 고대 사람들이라고 해서 특별히 법을 잘 지키거나 법이 필요 없을 정도로 평화롭지 않았을 것이고, 상황에 따라서 변화무쌍했을 것으로 짐작할 수 있다.

현대사회 역시 범법자, 질서 파괴자, 법을 무시하는 사람들이 넘쳐난다. 누구든 평범하고 올곧은 일상을 보낼 때는 범법이 일어나기 어렵다. 하지만 예상치 못한 불편한 일과 부딪혔을 때 슬기롭게 대처하지 못하거나, 불운이 겹치면 법과 마주하는 일이 생길 수 있다. 평범한 일상을 원치 않는 사람들은 법질서와 무관하게 생활하기를 두려워하지 않을뿐더러 법을 악용하는 삶을 택하기도 한다.

사회생활에서 반드시 준수해야 하는 기초질서부터 시작하여 규범, 규정, 규칙 등등을 대수롭지 않게 여기게 되면 범법행위에도 무감각해지는 것은 당연한 현상이다. 이와 같은 일들이 연결되어 발생하는 원인은 법 체제가 강력하지 못하거나 처벌의 일관성이 모호할 경우 쉽게 반복해서 나타나게 된다.

이에 더해 범법행위를 하더라도 범법자의 당시 사회적 지위나 영향력, 법 집행자에게 금품 제공 액수 또는 관계성, 상황 등등에 따라 법 적용과 판결이 오락가락하면 법은 본연의 권위가 상실하여 범법자가 오히려 법을 좌지우지하게 된다. 가장 중요한 것은 각 상황에 따라 법의 해석이 다르다는 것을, 이미 모든 사람이 인지하고 있을 뿐만 아니라 학습되어 있다. 이런 연유로 법에 대한 신뢰성이 매우 낮다는 것이다.

엄격하지 못한 법 체제는 남녀노소, 지위고하와 무관하게 법을 경시하는 현상으로 나타나게 되어 있다. 법 경시 현상의 여파는 위법, 범법행위가 적발되더라도 오히려 범법자로부터 적반하장으로 되돌아오게 된다. 또한 법 적용의 여부는 천차만별, 오합지졸이 될 수 있다. 누구든 범법, 범죄행위를 하면 안 되지만, 소시민이 범법, 범죄행위를 하는 경우 그 규모나 악영향은 약하다. 이에 반해 전문 범죄꾼이나 사회적 파급력이 큰 인물, 공직자, 관료 등이 범법 또는 범죄를 저지르는 경우 사회적 악영향은 상당하다.

사람은 누구나 법, 규정, 규칙 등등에 얽매이지 않고 자유롭게 살기를 원한다. 오직 자신만의 자유를 만끽하기 위해 법의 울타리에 갇혀 있는 복잡한 도시를 벗어나, 타인과 거리를 두고 원시적 본능을 찾고자 전원생활을 하는 사람, 귀농하는 사람들도 더러 있다.

조금은 다른 얘기지만 전원생활, 귀농에 잘 적응하는 사람도 있지만, 여러 사정으로 적응에 실패하거나, 현지의 고약한 텃세로 인해 마음에 상처만 받고 되돌아가는 경우도 많은 것으로 확인되고 있다.

아무튼 법을 어기는 사람들의 유형은 다양하다. 그 가운데 사회적 지위가 높은 소위 말하는 끗발있는 권력층이 되면 법을 우습게 보는 경향이 짙어진다. 이는 어린아이들이 부모, 특히 몰지각한 부모와 함께 있으면, 공공장소에서 소란과 난동을 서슴없이 부리는 것과 똑같은 현상이다.

한국사회에서는 공공장소에서 민폐 행위를 하고, 공중도덕에 위배되는 행동을 뻔뻔하게, 스스럼없이 하는 사람들이 종종 있다. 이에 더해 자신의 아이가 몰상식한 짓을 하여도 내 버려두는 경우가 적지 않다. 혹여 공공장소에서의 민폐 행위를 보다 못해 소시민이 나서 지적할 경우, 예상치 못한 싸움으로 이어지기도 한다. 사태의 옳고 그름을 구분하지 못하는 구경꾼들은 되레 민폐 행위자를 두둔하는 일까지 벌어지곤 한다.

'바늘 도둑이 소도둑 된다'와 '세 살 버릇 여든까지 간다'는 속담에서 알 수 있듯 공공질서를 지키는 것조차 하찮게 여기면 차후 위법, 범법, 범죄행위도 쉽게 범하게 되고 죄의식마저 없어지게 된다.

한국사회에서는 살인, 강도, 절도, 강간, 폭력 등의 범죄자들을 사회악으로 규정하고 있고, 이를 5대 범죄라고 하고 있다. 영화, 드라마, 오락프로그램, 소설 등에서는 위와 같은 범죄자들을 검거하고 응징하는 내용을 소재로 삼아 잘 만들면 대중의 관심과 호응도 비교적 높다. 이와 달리 정확한 특정 기업의 비리를 고발하는 내용, 또는 기업을 이용하여 자신의 이익을 챙겨 수많은 피해자를 발생시키는 '기업 범죄' 등을 다루면 오히려 관심도가 약하거나 이목을 집중시키지 못한다. 또한 제작 자체도 거의 하지 않는다.

한편 금융사기를 당해 수많은 사람이 알거지가 되어 삶이 망가지고, 기업 범죄의 피해로 셀 수 없을 정도의 많은 가정이 파탄이 나더라도 범죄 당사자는 아주 가벼운 처벌을 받거나 사건이 흐지부지 종결되는 일이 거의 일상이다.

이러한 불합리한 결과가 나오는 원인은 의외로 너무도 단순하고, 간단하다. 이는 당연히 부정부패, 검은돈과 복잡하게 얽혀 있기 때문이다. 금융, 기업 범죄 등에는 피해자가 불특정 다수이고 피해 규모가 크면 클수록 정확히 집계, 파악하기도 쉽지 않다.

막대한 피해를 준 가해자들은 관련 공무원들, 수사당국, 사법계 등 여기저기 서로 호형호제하는 사이가 많아, 사건은 늘 일정 한계를 넘지 못한다. 또한 이와 같은 범죄는 여러 언론 종사자도 직간접적으로 연결된 경우가 적지 않아 보도를 꺼리거나 단발에 그치기도 하고, 집요함을 보이지 않는다.

단순 형사사건일 경우 대부분 가해자와 피해자가 소수이거나 개인 대 개인이기에 상호 연결고리가 복잡하지 않다. 하지만 금융, 기업 범죄 등에는 어마어마한 금액이 오가는 범죄이다 보니 떡고물을 여기저기 묻히고 다니고, 인맥과 사회연결망을 잘 이용해야 완성이 된다. 한국에서는 대여섯 단계만 거치면 서로 다 아는 사이라고들 한 듯, 위의 범죄를 저지르려면 여러 관계성을 십분 활용해야 범행이 성사되기에 많은 사람이 복잡하게 얽히고 엮이게 된다.

인간은 천성적으로 본인 마음대로 하려는 본성을 가지

고 있다. 아이는 유아기 때부터 제멋대로 하려고 하고, 부모는 이를 통제하고 훈육, 교육하려고 한다. 이런 과정에서 때로는 서로 언쟁도 하고, 격려도 받으며 성장해 간다. 굳이 유럽, 일본 등 선진국과 비교하면 한국의 부모들은 아동에게 공공장소에서의 질서를 엄격하게 교육하거나 통제하지 않는 편이다. 또한 타인에 대한 민폐를 대수롭지 않게 인식시키는 경향이 짙다.

공공질서 위반을 가볍게 여기고 성장한 사람, 그런 행위를 묵과하는 사회에서는 불특정 다수에게 저지르는 금융, 기업 등에 관한 사회 범죄를 자신에게 닥친 일이 아니라는 이유로 거의 관심을 두지 않을 확률이 높다. 그 여파가 쌓여 해당 범죄자는 당연히 죄의식을 전혀 느끼지 않는 것으로 발전되고, 수사·사법당국 역시 강력한 수사, 처벌의 의지보다 사건을 재단(裁斷)하기 급급하게 된다.

준법정신은 남의 나라, 다른 나라의 정도나 예를 언급하거나 비교할 필요가 전혀 없는 일이다. 다른 나라는 그 나라의 상황에 맞게 그들이 법을 정한 것이고, 그들 국민이 법을 잘 지키는지 그렇지 못한지 관여할 수도 없고 관심을 가질 필요도 없다. 대개 자기의 일에 만족하지 못하고. 집중하지 않고, 자신감이 없을 때 남의 일에 관심을 두고 참견하려는 심사가 사람의 본능이기도 하다.

굳이 남의 나라를 되뇌어 보자면 서구, 일본 등 선진국들은 되도록 동족 간에는 민폐를 끼치지 않으려 하고 법을 엄수하려는 모습을 보인다. 반면 과거 그들은 남의 나라, 다른 민족에게는 무자비를 보이며 정복, 식민지화하고 학살, 약탈을 밥 먹듯 아무 죄의식 없이 저질렀다. 그리고 그들 동족끼리는 법을 통한 최대한의 질서와 규범을 따르는 매우 이중적 가증스러움을 보였다. 안타깝게도 여기 대한민국에서는 그들과 정반대의 사고방식과 행동을 자주 나타내고 있음을 확인되고 있다.

남의 나라, 다른 민족의 준법정신이야 어떻든 자신이 살고 있는 나라 이곳 대한민국의 법만 잘 지키면 살기 좋은 나라가 될 수 있다. 준법은 어렵고 복잡한 문제가 아니다. 그저 남에게, 다른 사람에게 민폐 끼치지 않고, 피해를 주지 않으면 되는 아주 간단하고 단순한 일이다.

05. 징벌

징벌은 잘못에 대한 마땅한 벌을 내리는 것을 말한다. 말의 의미와 다르게 잘못에 대한 벌의 경중과 심판은 징벌의 칼자루를 쥔 자마다 다르고, 칼을 맞아야 하는 사람마다 차이가 나는 것이 엄연한 현실이다. 지금의 한국사회에서는 크고 작은 잘못에 대한 징벌이 얼마나 제대로 이루어지고 있을까? 시대 상황을 알아보기에 앞서 조선시대의 옳지 않은 징벌 한두 예를 인용해 보면 다음과 같다.

『태종실록 26권, 태종 13년 10월 16일 임술 1413년 명 영락(永樂) 11년

무고하게 남을 때린 대호군 박거비를 공신의 자제이기에 파직만 시키다

대호군(大護軍) 박거비(朴去非)를 파직하였다. 헌사(憲

司)에서 박거비가 무고하게 남을 때린 죄를 청하니 다만 파직하도록 명하였는데, 그가 공신(功臣) 박석명(朴錫命)의 아들이었기 때문이었다. 헌사에서 다시 상소하여,

"박거비의 죄는 무거운데 다만 그 직(職)만 파하시니, 악(惡)을 징벌하는 도리에 어그러짐이 있습니다. 빌건대, 법률에 의하여 시행하소서." 하였으나, 들어주지 않았다.』

실록에 박거비의 폭력이 어느 정도인지는 기술되지 않았으나 헌사에서 임금에게 상소할 정도이면 매우 엄중한 사안임이 틀림없다. 또한 그는 이후에도 불미스러운 사건으로 재차 파면됨이 실록에 기록될 정도이니 능히 인물됨을 짐작할 수 있다.

그는 1차 파면 후 13년이 지난, 세종 8년(1426년)에 충의위에 천거된다. '충의위'는 공신의 자손들에게 군역을 대신하여 복무케 하고, 관료로 진출하게 하는 곳으로 해석되고 있다. 그리고 세종 12년(1430년)에 첨총제(현 대장급 상당), 개칭 전 대호군(현 대장급)으로 다시 임명된다.

위 문제의 인물 박거비는 셋째 동생이 박거소인데 그의 부인이 청송 심씨이며 세종의 비 소헌왕후의 동생이다. 그러니 박거비와 세종은 사돈이자 처남매제지간이다. 세종은 1408년 충녕대군 시절 소헌왕후와 혼례를 올렸다. 박거비의 부친 박석명은 태종을 옹립하였으며, 좌명공신 3등으로

공적이 상당하여 의정부 지사 겸 사헌부 대사헌까지 역임하였다.

위와 같이 아무리 성군 세종이라도 본인의 가족, 친인척, 동지 등과 깊은 연관성이 있을 시 그 죄에 대해 엄격하게 징벌하지 못했다. 그와 반대로 권력자들은 자신이 권좌에 오르려 할 때 걸림돌이 되거나 권좌에 위협을 느낄 때는 가족, 친인척, 동지들이라 할지라도 징벌을 넘어 잔인하게 처단하는 일도 어렵지 않게 발생했던 조선조였다.

징벌의 최종 결정권자가 징벌대상자와 아무런 연관도 이해관계도 없을 때 징벌의 정도를 가장 명확하게 내릴 수 있다. 법 조문 그대로 적용하면 아주 간단한 것이다. 거의 모든 국가에서는 역사시대 이후 징벌의 양을 법조문에 기록해 놓았다. 당연히 그렇게 해야만 국가의 기강이 잡히고, 국가가 존립할 수 있기 때문이다.

지금은 급격한 사회발전과 복잡한 사회구조에 따라 각 죄에 따라 징벌의 정도를 예전보다 더 소상하고 자세하게 나누어 놓았다. 누구든 위법행위를 하면 법규에 따라 징벌을 가하면 된다. 너무도 간단하고 단순한 일이다. 절도죄만 해도 여러 절도 행위, 방법, 액수 등등을 세분화하여 형량도 그에 맞춰 정해 놓았다.

다양한 유형의 범죄라고 해도 그 형량은 교도소를 들락거리는 범죄자들도 잘 알 만큼 어렵지도, 특별하지도 않다. 일부 재소자들은 감형, 가석방 등의 방법마저 법조인 수준만큼 통달해 있다. 더 나아가 법조인들과 호형호제하며 교도소를 제집처럼 들락거리는 범죄자들도 있다.

법이 엄연히 존재하지만, 법을 다루는 사람들이 여러 이해관계에 얽혀 징벌을 저울질하기 때문에 사리가 우선이 되는 사례는 허다하다. 죄에 대한 징벌의 기준이 바르지 못하면 일반 범죄자들이 자신의 죄를 인정하지 않고 죄에 대한 잘못을 수긍하지 않게 된다.

이런 빗나간 법질서 경시 현상은 어느 날 갑자기 발생하는 것이 절대 아니다. 어린 시절 가정과 학교생활, 단체와 사회생활 등에서 보고 듣고 느끼고 겪은 악습의 결과이다. 역사적으로는 언제부터 이런 악습의 묵인이 시작됐는지 확인할 길은 없지만, 한국사회에서는 부모의 자식 교육이 사회와 공유하기보다는 이기를 우선시하는 것을 당연하게 여기게 하고 있다. 그 이기심은 개인과 가족, 이익 집단까지만 도달하고, 사회와 국가, 민족까지 전파되는 것에는 적지 않은 한계를 나타내고 있다.

징벌의 결정권이 주어진 자는 사리사욕, 인간관계를 따지지 않아야 하건만 그것이 쉽지 않은 일이다. 흔히 서구 사회는 개인주의이고 한국, 중국, 일본 등 동아시아의 국가는 가족주의라고 하고 있다. 가족주의는 학자, 연구자마다 개념 정리가 조금씩 다르다. 한국사회의 가족주의도 명확한 정의가 모호하지만, 대개 가족 중심적 사고방식으로 가족 간 유대를 중시하고 효와 부양을 강조하는 현상을 말하고 있다.

　서구사회의 개인주의와 반대되는 가족주의라는 이념의 용어는 일본이 먼저 만들어 사용했다. 한국에서는 산업이 발달하고 경제가 어느 정도 성장한 1980년대 무렵, 일본의 가족주의 이념을 조금씩 인용, 연구하기 시작한 것으로 확인되고 있다. 지금은 가족주의가 보편적으로 사용하는 용어가 되었지만, 현재 한국사회는 '가족이기주의'라는 용어가 더 적합해 보인다.

　가족의 이기가 사회와 국가의 이기보다 우선으로 여기면서 가족과 쉽게 이어지고 연결되는 혈연, 지연, 학연이라는 연결망을 더 중요시하게 된다. 그 협의적 관념에 사로잡혀 좁은 테두리 내에서 자신들만의 이익에 매몰되고 추구하기에 이르게 된다.

　한국사회는 이러한 연결구조에 얽매여 합당한 징벌이 요구될 때마다 판단마저 굴절되어, 대중의 개념과 상식에서 적지 않은 괴리가 발생하게 된다. 징벌이 엄중하지 않으면 죄의식을 갖지 않는 것이 학습되고, 전파되어 또 다른 범죄를 양산, 확대하게 된다.

　세상 이치가 그렇듯 나쁜 싹은 돋아나기 전에 도려내야 하거늘 이를 알면서도 눈을 감고 귀를 막고 악업과 연을 두면서, 대중에게 막대한 손해를 끼치는 일을 방관함을 부끄럽게 생각하지 않는 법 집행자들이 허다하다. 악업을 반복하는 것은 유전적이고 선천적인 부분도 있지만, 중요한 것은 법을 지키지 않아도 사람에 따라 징벌의 수위를 저울질할 수 있도록 용인되고 묵인도 되고 허용하기 때문이다.

한국사회에서는 판·검사, 특히 검사와의 끈끈한 인맥만 있으면 죄가 벌로 이어지는 당연한 순서는 흐려진다. 이와 반대로 검사의 조직을 섣불리 건드리면, 없는 죄도 만들어 확실한 벌로 만들기도 한다. 징벌의 공정성이 흐릿하다 보니 돈 없고 빽 없는 사람에게만 법이 통용되고, 여러 방면에서 힘 있는 자들에게는 법은 그저 참고 자료에 불과할 뿐이다. 한국사회에서 뒷배경을 중요시하는 것은 조선시대에도 늘 이용한 너저분한 범죄적 관습이다.

공정과 정의가 없는 사회에서 징벌은 죄에 대한 합당한 대가이기보다 저울질의 대상에 불과하다.

2. 왜

01. 왜구

왜구는 한반도의 오랜 역사에서 고대부터 근대까지 이 땅을 무단 침입하여 노략질하고 온갖 악행을 저지른 일들은 셀 수 없이 많다. 왜가 한반도를 침략한 최초 기록은 삼국사기에 나오는 신라본기이며, 기원전으로 거슬러 올라간다.

『 신라본기 시조 혁거세(赫居世) 거서간(居西干) 8년 왜인이 변경을 침략하다(기원전 50년 (음))

8년(B.C. 50)에 왜인(倭人)이 병사를 일으켜 변경을 침범하려 했는데, 시조가 신령한 덕이 있다는 말을 듣고 되돌아갔다.』

서기 14년에는 왜인이 100여 척의 병선을 보내 민가를 노략질했다는 삼국사기의 기록도 있다. 또한 광개토대왕비문에는 4세기경 왜가 신라를 침공해서, 광개토대왕이 왜를 격퇴하여 몰아냈다는 기록도 있다. 당시 광개토대왕의 영향력이 신라까지 미쳤다는, 근거가 되는 실제 유물이 경주 노서리에서 1933년에 최초 발견되기도 했다. 1946년에는 해당 구역을 재발굴 조사하여 위 역사적 기록이 사실임이 거듭 증명됐다.

일본서기에서는 신공황후가 신라를 침공(서기 200년)했다는 내용과 임나일본부에 관한 사안도 기록되어 있다. 하지만 한국의 역사학계에서는 위의 기록을 부인하는 입장이다. 어쨌든 삼국사기 등의 기록과 같이 기원전, 신라의 태동기부터 왜의 침략은 시작되었다.

왜구의 노략질에 관한 기록은 일부 누락될 수도 있고, 상황에 따라 출몰 횟수도 정확하지 않을 수 있지만, 노략질 자체는 끊이지 않았다. 단지 오늘날에 와서 고대의 한두 사안만큼은 침략을 인정해서는 안 되는, 인정할 수 없는 악연의 역사적 관계에 불편함이 느껴지기도 한다.

삼국시대, 고려시대를 차치하고 조선시대만 살펴봐도 왜구의 노략질 작태를 잘 알 수 있다.

성종실록에는 왜구가 출몰하여 약탈하고 인명을 살상했는데도, 해당 관청은 대응이나 후속 조치조차 하지 않는 기가 막힌 내용이 있다.

『성종 14년 8월 10일 경오 1483년 명 성화(成化) 19년
형조에서 김윤화 등이 기만하고 만호 등이 왜구를 막지
못한 일로 죄주기를 청하다

상·중략 …
형조에서 또 아뢰기를,

"달량 만호(達梁萬戶)인 남희(南熙)와 마도 만호(馬島萬戶) 김구정(金九鼎)이 자기가 맡은 경내(境內)에 왜적(倭賊)이 횡행하여 인명을 살해하는데도 곧 추포(追捕)하지 못한 죄와, 강진 현감(康津縣監) 홍귀호(洪貴湖)와 해남 현감(海南縣監) 정의운(鄭義耘)이 왜변(倭變)을 듣고도 미처 추포(追捕)하지 못한 죄와, 좌도 수군 절도사(左道水軍節度使) 이병정(李秉正)과 우후(虞候) 이익달(李益達)이 부내(部內)에 왜변이 있어 인명을 살해하는데도 이를 알아 대책을 세우지 못한 죄들은, 율문(律文)의 장(杖) 4백 대에 변방의 충군(充軍)으로 징발하는 데에 해당합니다."』

위는 임진왜란이 발발하기 100여 년 전의 사건이다. 다음은 임진왜란 불과 3년 전의 사건으로, 왜구의 악행에 속수무책은 전혀 달라지지 않았다.

『선조실록 23권, 선조 22년 8월 1일 병자 1589년 명 만력(萬曆) 17년

　석강에 《강목》을 강하고 북변과 왜적의 대비에 대해 의 논하다

　상·중략…
　상(**임금 선조**)이 이르기를,
　"지난 을묘년에 이덕견(李德堅)3)이 항복했었는가? 그 사실을 경(卿)은 알고 있을 것이다."
　하니, 변협이 아뢰기를,
　"그해 5월 9일에 감사(監司)는 해남(海南)에 들러 강진 (康津)으로 향하고 소신(小臣)은 군량을 계산하는 일로 밤

---

3) 명종실록 명종 10년 5월 20일. 1555년 왜변에 대한 내용. 왜적이 전라도 해남 등 일대에 대규모로 침공하였다. 이때 이덕견은 왜적에게 무릎 꿇고 구걸하여 살아났고, 적의 사령(使令)이 되기도 했다. 이 일로 헌부는 임금에게 보고하여 그는 참형을 당했다.

중까지 공청(公廳)에 앉아 있었는데, 갑자기 왜적이 모처에 들어왔다는 보고가 들어왔습니다. 감사가 정병(精兵)을 뽑아 달량(達梁)을 구원하라 하기에 신이 백여 명을 거느리고 출발하다가 길에서 가리포(加里浦)의 배 만드는 사람을 만났는데 그가 말하기를 '왜적에게 생포되었는데 그들의 배에 오르게 하여 무기들을 구경시키고 나서 놓아 주었다.'고 하였습니다. 신이 병사(兵使)에게 고하기를, 가리포·어란(魚蘭)·달량(達梁)이 위태롭게 되었으니 급히 군사를 나눠 구원해야 한다고 하니, 병사가 신으로 하여금 어란을 구원케 하였습니다. 왜적이 달량을 포위하여 촌락을 분탕(焚蕩)하는데 연기가 3일 동안 하늘을 덮었으며, 달량이 함락된 뒤 이덕견이 단신으로 와서 말하기를, '왜적과 모처에서 서로 만나기로 약속하였으니, 군사를 일으켜 그곳에서 기다리도록 하라.' 하기에, 신이 그의 말을 감사에게 보고하였는데, 감사가 상(**임금**)에게 아뢰어 그를 베도록 명하신 것입니다."』

왜구의 한반도 노략질은 일상이었다고 해도 결코 과언은 아니다. 왜구는 조선시대에 남부지방 특히 부산포, 제포(창원 웅천), 염포(울산) 등에 거류지를 확보하여 무역업 등을 하며 거주했다. 마음에 내키지 않으면 횡포도 부리고 난동은 예사였다. 실제 1510년에는 삼포왜란을 일으켜 많은 인명을 살상하기도 했다.

　왜구의 노략질, 왜변, 왜란 등은 그 횟수를 헤아리기가 쉽지 않다. 침탈을 당해도 해당 관청이 모르거나, 알고도 상부에 보고하지 않거나, 기록하지 않은 사건들이 충분히 있을 수 있기 때문이다. 지금 시대에 왜구의 노략질이 멈춘 것은 1945년 일제의 패망 이후이다. 승전국 미국이 패전국 일본 오키나와 등지에 미군을 주둔시켜 감시하고 있고, 한국에도 미군이 주둔하게 되면서 일본 즉 왜구가 한반도를 침공할 여지가 없게 되어 일시 중단된 것일 뿐이다.

　일제의 패망 이후 왜구의 군사적, 물리적 노략질은 사라졌지만, 지금은 경제, 기술, 문화, 정신적 노략질은 더 심각하게 이루어지고 있다. 일제 지배를 겪은 한국인들은 해방 이후부터 반일과 친일, 두 성향으로 나누어지게 되었다. 물론 식민지 시절에도 일제 부역자와 그렇지 않은 사람으로 구분되기도 했다.

　표면적으로는 반일 감정이 당연하고, 숫자상 많은 것처럼 인식되기 쉽다. 하지만 언제나 그렇듯 이상과 현실은 다르고, 불길한 예감은 빗나가지 않는 것이 세상사이다. 실제 한국인들은 현실적, 내면적으로는 일본을 바라보는 시각이 우호적이고, 애증의 감정을 지닌 사람들이 대단히 많다.

그들이 순수 한국인인지 아니면 혹여 자신도 모르는 왜구의 혼혈 후손과 연관성이 있는지는 알 길 없다. 아무튼 일제 지배가 끝난 지금에도 일본을 찬양하는 세력들이 차고 넘치는 것이 현실이다.

일제의 식민 지배 당시 대부분 평범하게 하루하루를 살아간 사람들이 많았다. 그렇지만 제 귀한 한목숨을 걸고 나라를 되찾고자 독립운동을 한 사람들이 존재했다면, 일제에 부역하며 호의호식한 사람들도 매우 많았다.

해방된 대한민국에서는 일제에게 부역한 자들의 후손들은 대대손손 흥하고 있는, 반면 독립운동을 하면 3대가 망한다는 속설이 현실이 되고 있다. 이런 비뚤어진 현실을 보면 한국인 스스로 식민 지배의 당위성을 부합하게 하고, 일본의 반성 없는 뻔뻔함을 유지하게 하는 꼴이 되고 있다. 이것이 바로 일제가 남기고 간 대한민국의 엄연한 현실이다.

국가 대항 스포츠 경기를 하면 어느 나라이든 자국을 응원하는 것은 너무도 당연한 일이다. 특히 역사적으로 적대적 관계의 국가 간 경기에는 선수는 물론 응원전도 치열할 수밖에 없다.

앙숙이자 숙적으로 여기는 한국과 일본의 스포츠 경기가 벌어질 때는 상호 응원의 관점이 확연한 차이가 있다. 한국인들은 '스포츠 경기만이라도 반드시 일본을 이겨야 된다'는 비장함이 있는가 하면, 일본인들은 '스포츠 경기마저도 반드시 한국을 이겨야 한다'는 비정함이 있다.

한반도인들은 역사적으로 왜구의 온갖 노략질을 당해왔지만, 왜구에게 천배, 만배 반드시 되갚아 주겠다는 복수심은 그다지 갖지 않았다. 역사적으로 보면 실제 그랬다. 그저 소극적, 일시적으로 대처를 하다가 시간이 지나면 쉽게 망각하고 만다. 하물며 그들에게 동화되어 친일을 넘어 동일시하려는 무리가 많이 나타나기도 했다. 마치 스톡홀름 증후군(Stockholm syndrome: **인질이나 피해자였던 사람들이 자신의 인질범이나 가해자들에게 공포나 증오가 아니라 오히려 애착이나 온정과 같은 감정들을 느끼는 것**) 같은 현상이 일어나고 있다. 이를 증명하듯 많은 한국인의 의식에는 일본에 대한 호감도가 나날이 높아가고 있다. 일본의 현실과 현상을 동경하여 일본 곳곳을 여행하려는 한국인들이 매년 증가하는 추세이다.

02. 왜성(일본성)

　역사 속 왜구의 침략과 노략질을 뒤로한 채 현재 한국인의 최고 인기 여행지는 일본이 되었다. 일본으로 여행을 간 한국인 관광객들은 한국과 일본의 일방적 악연은 뒤로 한 채, 개인적으로 혹은 패키지 코스로 일본성을 관람하는 일정이 포함되는 경우가 있다. 요즘은 미디어의 발달로 대중매체를 통해 널리 알려진 일본성이 여럿 있다. 그중 임진왜란과 직접적인 연관이 있는 성채는 도요토미 히데요시의 오사카성과 가토 기요마사의 구마모토성 등이다. 누구나 알 듯 도요토미는 임진왜란을 일으킨 장본인이다. 가토는 임진왜란 당시 진주성 전투 과정에서 조선인 수만 명을 학살한 지휘관이다. 이후 울산왜성을 축성, 주둔하며 조명연합군과 전투를 벌이다 천신만고 끝에 살아 퇴각하였다.

　일본을 여행하며 위 일본의 성곽들을 둘러본 한국인 관광객 개개인의 감정은 각기 다를 것이다. 분개하는 사람, 성곽의 위용에 감탄하는 사람, 부러워하는 사람 등등…

임진왜란 원흉들의 성곽은 세월의 풍파를 겪으며, 여러 과정에서 파괴와 소실을 거듭했다. 특히 1945년 미군의 폭격으로 인한 훼손이 가장 심했다. 전통을 보존하고, 수호하려는 문화가 강한 일본은 파괴된 성을 재건과 복원, 수리 등으로 원형에 가깝게 재축조했다. 모든 건조물은 전쟁, 재난, 재해 등을 겪거나 세월의 풍파를 맞으면 어떤 형태로든 변형이 오기 마련이다. 형태를 온전히 유지하려면 복원, 보수, 수리 등은 필수사항이다.

일본은 중세 유명 성들을 원형과 가깝게 복원, 수리 등을 거치면서 과거부터 지속적으로 관리하고 있다. 하지만 한국에서는 원형을 유지하고 있는 조선성은 손에 꼽을 정도이다.

위 언급했듯 가토 기요마사가 지은 구마모토성은 일본의 3대 성으로 불리고 있다. 임진왜란 당시 그가 지은 울산왜성은 울산시 문화재로 지정되어 있다. 반면 임란 중 조선의 최대 공적자이자 한국인의 자긍심이라 불리는 이순신 장군이, 당시 실제 상주하고 진두지휘한 삼도수군통제사의 통제영(한산도)은 임란 당시 파괴된 후 흔적이 사라졌다.

그리고 이순신 장군이라고 하면 거북선을 떠올릴 만큼 모두가 잘 알고 있는 지금의 거북선 형태조차 불과 수십 년 전에 만들어졌다. 실제 임란 당시의 원형은 아직 확인되지 않는다. 한국의 영웅에게는 일본과 달리 보존성과 연속성이 결여되어, 근래 많은 부분이 근래 급조되고 미화되어 많은 아쉬움이 남는다.

왜군은 임진왜란과 정유재란(1592~1598년) 당시 조선을 침략하면서 군사 목적으로 한반도 남해안 지역과 서울, 평양, 의주에 이르는 곳곳에 왜성을 축조하였다. 왜성은 연결성과 통치성으로 구분 짓고 있다. 연결성은 부산을 기점으로 서울, 평양, 의주에 이르는 보급물자 수송과 공격로 중간 기착지 등의 목적으로 축성하였다.

그로부터 300여 년 후 일본제국은 임진왜란과 같은 목적으로 그 연결성의 도시를 따라 부산에서 서울까지 경부선(공사 기간:1901~1904년)을, 서울에서 의주를 잇는 경의선(공사 기간:1904~1906년) 철도를 각각 부설했다.

통치성은 남해안 일대, 울산에서 순천에 이르는, 군사 요충지마다 축성한 30여 개에 달하는 왜성을 일컫는다. 실제 임진왜란 당시 온갖 만행을 저지르며 남부 지방 일대를 분할 통치, 지배한 중심부이기도 하다. 한국사에서 임진왜란이라고 하면 주로 전쟁, 전투를 부각하고 조명한다. 그에 반해 왜군이 왜성을 중심으로 전쟁 기간 중 남부지방 일대를 통치, 지배한 실질적 사실은 거론을 꺼리고 있고, 기록도 미미하다.

왜성, 특히 통치성은 주로 해안가와 강 주변의 낮고 독립적인 구릉지를 택하여 수성에 용이하고, 군선의 입출항이 원활한 지형에 축조하였다. 군선을 통한 보급물자와 병력 이동의 편리성에 기인한 것이다. 부산 자성대 왜성 등은 이미 존재했던 조선성을 개축하기도 했다. 왜성은 불과 몇 개월 만에 완성했다. 이는 수많은 조선인을 강제 노역시켜, 주변 조선성 등을 파훼하고 석재, 목재를 쉽게 조달하여 축조에 이용했기 때문에 가능했다. 근대 식민 지배 시절 한반도 곳곳에 일제의 군사시설물을 건설할 때 수많은 조선인을 강제동원 노역시킨 것과 같은 현상이다.

왜성은 각 3차례에 걸쳐 축조됐다. 임진왜란이 발발한 첫해인 1592년에는 부산왜성(부산 동구 좌천동), 가덕도왜성(가덕도 눌차동), 웅천왜성(진해 남문동), 영등포왜성(거제도 장목면) 등을 축성했다.

임진왜란 발발(1592년 4월) 두 달여 만에 명군의 참전(1592년 6월)으로 일진일퇴를 거듭하며 강화협상이 진행된 1593년에 두 번째 왜성을 쌓았다. 이때 서생포왜성(울산 서생면), 임랑포왜성(기장군 장안읍), 구포왜성(부산 덕천동), 송진포왜성(거제도 장목면), 장문포왜성(거제도 장목면) 등 19개소가 축성되었다.

수년간 계속된 공방과 가능성 없는 강화협상이 막을 내리면서 정유재란(1597년)이 발발하게 되었고, 이 시기에 3차로 양산왜성, 울산왜성, 고성왜성, 사천왜성 등 10여 개소를 추가로 축성하였다.

현재 남부 지역에 30여 개의 왜성이 확인되고 있다. 보존, 복원이 잘 되어 있거나 석축의 형태를 조금이라도 갖추고 있는 왜성은 24개소 정도이다. 이 가운데 부산왜성, 자성대 왜성, 울산왜성, 서생포왜성, 장문포왜성, 안골포왜성, 순천 왜성, 죽성리왜성 등 12개소는 성곽이 비교적 양호하며 문 화재로 지정되어 있다. 문화재로 지정되지 않은 12개소 중 고성왜성, 명동왜성, 남해왜성, 동삼동왜성 등은 훼손이 심 하고, 성벽이 짧고, 낮게 남아 있어 관심이 없으면 찾기도, 알아보기도 어렵다.

임진왜란 이후 왜성은 방치되어 있다가 근대 일제의 식민 지 시절 일본인에 의해 재발굴 조사 됐다. 일제는 곳곳에 남 아 있는 왜성 일부를 개·보수하고 사진 촬영하여 기념엽서로 제작, 판매했다. 자신들 선대의 유적들이 식민지 조선에서 여전히 건재함을 홍보하고, 과시한 것이다.

그러는 동안 조선의 성곽(읍성)은 식민지 시절, 일제와 일 제 부역자들, 그리고 몰지각한 조선인들에 의해 강제 훼손된 곳이 적지 않다. 해방 이후에는 치안의 공백을 틈타 몰지각 한 대한조선인들은 그나마 존재하던 조선 성곽의 석축과 석 재 등을 개인 용도로 사취함으로, 성벽의 훼손이 더 심해졌 다.

일례로 조선시대에 축조된 부산 다대포성의 현 상태를 보면 어느 정도 가늠이 되어 보인다. 부산 다대포 지역은 임진왜란 직후 전투가 발생하였고, 당시 왜군과 전투 중 전사한 다대첨사 윤흥신을 기리기 위한 제단 윤공단이 몰운대에 있다. 하지만 윤흥신 다대첨사를 비롯한 조선군이, 쳐들어오는 왜군과 전투를 치른 다대포성은 지금 철저히 파괴되어 있다. 현재 얼마의 석축만 남아 개인 주택 등의 담장, 축대, 마당 경계석 등에 사용되거나 널브러져 처참한 몰골로 변해 있다.

앞서 언급했듯 임진왜란 당시 왜장들의 성곽은 일본과 한국에서 아직도 건재한데, 이 땅에 있는 조선의 성은 처참한 몰골이 되었는데도 당연한 것처럼 인식하고 있다.

조선의 성곽은 석축 쌓기 등의 일관성 부족으로 성곽마다 제각각의 형태를 갖추고 있다. 중국과 일본의 성은 전투와 수성을 목적으로 축조했다면, 조선은 내외부 경계의 의미를 둔 읍성과 피난처 용도의 산성 등 두 가지로 구분되고 있다. 주변국의 축성 용도와 다소 차이가 있으며, 전투의 개념도 깊지 못한 것은 사실이다. 그러다 보니 성곽의 위용과 웅장함은 다른 나라에 비해 약하게 느껴진다. 조선 성곽이 오늘날까지 원형에 가깝게 연속적으로 보존된 곳은 서너 곳에 불과하다. 그 외 현재 전국 곳곳의 성곽들은 근래 복원 및 재건하였다. 문화재 관련 관청의 업무력과 건설사의 기술력 등등에 따라 해당 지역마다 성곽은 완벽하거나 혹은 조잡하거나 두 가지의 형태와 모습으로 복원되었다.

임진왜란 당시 축조한 왜성은 400여 년이 지났는데도 조선 성곽의 석축보다 더 튼튼하게 버티고 있다. 이를 보면 조선과 일본의 성곽 축조기술 차이가 확연하게 드러난다. 남의 나라에 침략하여 성곽 축조에 진심을 다했다는 것에, 분노해야 하는지 탄복해야 하는지 난감하기만 하다.

임진왜란 당시의 조선성을 왜성보다 연속적으로 보존하지 못함은 외침의 대비에 전력을 쏟지 않음을 간접적으로 표현하는 것인지도 모른다. 그 결과 근대에는 식민 지배를 당하기도 했다. 일본은 조선을 지배하면서 이제 성곽이 아닌 한반도 곳곳에 온갖 군사시설물을 건설했다. 그들이 건설한 군사시설은 견고하고 치밀까지 해서, 일부는 왜성과 유사하게 또 보존 대상이 되고, 관광지가 되고 있다.

반면 분단과 한국전쟁 과정 중 그리고 그 후에 순수 한국 기술로 건설된 군사시설물들은 대부분 수십 년을 견디지 못해 철거해야 하거나 방치, 재건설이 일상이 되고 있다.

이를 보면 조선성의 연속적 보존이 미흡함을, 한편 수긍이 간다고 해야 할지 불편한 마음이다.

03. 신 친일

　해방된 대한민국에서는 일제 부역자들이 출세하고 기득권 세력이 되는 것은, 당연한 수순처럼 되어 버렸다. 이제 해방된 지 70년이 넘어, 생존하는 일제 부역자들을 찾기가 어렵다. 지금은 직접적인 일제 부역을 못하지만, 여전히 일제 또는 일본을 동경하고 친일적 성향과 행동을 하는 집단이나 무리는 넘쳐나고 있다.

　국가별 비호감도 조사 결과에도 일본에 대한 호감도가 높아지고 있고, 중국은 오히려 비호감 지수가 높게 나타나고 있다. 해방 이후 수십 년 동안은 일본이 무조건 비호감 국가 1위였지만 세월이 가면 갈수록 일본에 대한 호감도가 높아가고 있다. 예전에는 식민 지배를 직간접적으로 경험한 세대가 많은 관계로 당연히 일본을 적대국, 비호감 국가 1위로 꼽아야 하는 분위기였다.

지금은 피지배 당사자들이 차츰 사라지고 망각의 시간이 만들어지면서 일본을 우호적이고 신뢰 대상의 나라로 인식되고 있다. 사회적 분위기도 본인의 의사 표현을 자유롭게 표출할 수 있는 환경이 조성되다 보니, 거침없이 일본 찬양을 외치는 집단과 개인이 증가하고 있다.

2020~22년 코로나 팬데믹으로 전 세계가 얼어붙으면서 국내외 여행길이 거의 멈추었던 경우를 제외하고, 또한 한국과 일본이 정치적으로 갈등을 빚는 상황이 아닌 시기, 한국인들이 가장 선호하는 해외 여행지 1순위는 항상 일본이 되고 있다.

고대부터 일제의 패망까지 끊임없이 왜구에게 당하고 치욕의 역사를 겪었는데도 자신이 직접 피해 본 게 없다고 왜구의 만행을 새까맣게 망각해 버리는 한국인들이 너무도 많다. 이제 망각을 넘어 일본을 여행하며, 일본에 취해 흠모하고, 동경하고, 빠져버리는 한국인들이 헤아릴 수 없이 많아졌다.

신 친일적 행동을 하는 사람들은 각계각층, 남녀노소를 불문한다. 신 친일적 행동, 행위를 하면서도 잘못됨을 느끼지 못하는 사람들도 많다. 한국은 1987년 민주항쟁 이후 일본과의 갈등이 그 전보다 빈번하게 나타났다. 특히 진보 성향의 정권이었을 때 갈등이 더 잦았다.

일제강점기에 겪었던 일본군 성노예 피해자들의 증언이

1990년대부터 보도되면서 한·일 간 또 다른 갈등이 생겨 났다. 성노예에 대한 명백한 자료와 증거, 증언이 있는데 도 불구하고 일본은 이를 부인한다. 일본의 거짓말에 동조 하고 편을 드는 한국인들도 매우 많을 뿐만 아니라, 집단 을 조직해 성노예 피해자들을 조롱하고 비난하는 작태가 지금의 대한민국이기도 하다.

하물며 한국에서 일부 한국인들이 일본 극우세력들의 한국의 혐오와 멸시 행위를 동조하고 지지하는, 어처구니 없는 행동도 하고 있다. 이를 증명하는 사건들은 적지 않 게 벌어지고 있고, 일본군 성노예 피해자 문제에 관한 사 항만 봐도 알 수 있다.

1992년 1월 8일 미야자와 전 일본 총리의 방한을 계기 로 시작된, 일본군 성노예제 문제에 대한 진상규명과 책임 이행 등 문제해결 그리고 피해자들의 명예와 인권 회복을 요구하기 위해 대한민국 주재 일본대사관 앞에서 매주 수 요일에 이루어지고 있다. 이는 정의기억연대(**일본군 성노 예제 문제해결을 위한 사회단체**)가 주관하고 있다.[4]

수요집회는 30년이 넘는 매우 의미 깊은 집회인데, 근 래 일본을 추종하는 대한민국의 보수단체가 동일 장소를 선점하여 수요집회 반대 집회를 주도하기도 했다. '때리는

---

4) 정의기억연대 블로그

시어미보다 말리는 시누가 더 밉다'는 말이 이럴 때 쓰는 것인지 참 가관이다. 정작 가해자인 일본은 길이 멀어 수요집회를 직접 막지 못하고 있는데, 한국의 보수집단이 알아서 수요집회를 훼방 놓으니, 일본 정부와 극우세력들은 흐뭇해 할 것 같다.

수요집회를 방해하는 외부의 보수집단도 문제인데, 2020년 5월에는 일본군 성노예 피해자 단체 내에서 대단히 민망하고 부끄럽고 안타까운 내부의 분열 사태도 발생하였다.

일본군 성노예 피해자 해결을 위한 단체인 정의기억연대의 시작은 초라하고 보잘 것 없었다. 세월이 흐르고 시대가 변하면서, 사회 각계각층에서 조금씩 관심을 가지면서 규모도 커지고 사회적 영향력도 생기게 되었다. 방송과 언론에서도 이런저런 이유로 성노예 피해자를 언급하면서, 정의기억연대 등의 단체에게 기부금, 지원금이 과분할 정도로 쏟아졌다.

세상사 모든 일이 그렇듯 가난하고 힘들 때는 서로 의지하고 어려움을 함께 극복하려는 동지애, 우애 등이 돈독해지는 경우가 많다. 그러다가 갑자기 너무 많은 돈이 자꾸 생기고 잘 되면, 오히려 많아진 돈 때문에 갈등이 생기기 쉽다. 안타깝게도 정의기억연대도 여러 기부금과 지원금으로 살림이 넉넉해지고, 대외적으로도 규모가 성장하면서 내부 분열이 생기고 말았다.

한 성노예 피해자가 왕성한 활동을 했던 해당 정의기억연대 전 대표를 많은 언론을 통해 기자간담회 형식으로 고발하고 나선 것이다. 고발 당사자가 대외, 언론에서는 다소 정제되고 공익적인 단어를 선택해 고발 사유 여러 가지를 설명했지만, 사달이 난 근원은 돈 때문이었다.

대한민국 언론에서는 정의기억연대의 전 대표와 성노예 피해자 할머니 사이에 낯 뜨거운 진실 공방을 1년여 보도하였다. 앞뒤 과정도 맥락도 내용도 없이 서로 헐뜯는 막장 드라마가 시청률이 높듯, 욕하며 보는 것이 사람의 속성이다. 정의기억연대의 집안싸움도 한편의 막장 드라마와 같았으니, 방송, 언론 등의 매체에서는 좋은 기사거리, 장사 수단으로 이용하며 기름도 부었다가 물도 부었다가를 반복하며 짭짤한 수익을 올렸다.

대한민국에는 일본을 추종하는 세력이 뿌리 깊게 박혀 있다. 그들의 조상, 뿌리가 어디에서 왔는지 하나하나 추적해 밝힐 수는 없지만, 아무튼 식민 지배가 종식된 이후에도 한국에서는 일본을 추종하고 연을 맺어야 성공하는 공식이 이어지고, 또 굳어졌다.

해방 후 일제 부역자를 단죄하지 못하고, 오히려 일제 부역자들을 정부 요직에 기용하는 행위는 당연시 됐다. 이를 증명하듯 일본군 출신이 대통령이 되기도 했다. 1965

년 한일 협정으로 일본으로부터 당시의 금액인 3억 불의 보상금과 차관, 기술 등을 지원받아 경제 성장을 이룩하기도 했다. 일본을 등에 업고 교역을 하면 바로 사업이 번창하고, 성공하는 공식이 성립되는 곳이 바로 여기 대한민국이다.

미국, 특히 일본의 지원으로 급속하게 경제 성장을 이룩한 만큼, 미국은 차치하고 일본의 의존도는 세계 제일이라 해도 결코 과언만은 아니다. 대일 무역적자 세계 1위가 한국임을 보면 확인이 된다. 정부 통계나 여러 보도자료를 보면 1965년 한일 협정 이후 일본과 정상적인 교역이 시작되면서 대일 무역적자도 비례 상승한다. 2004년부터는 매년 200억 달러 이상 대일 무역적자가 이루어지고 있는 것이 현실이다.

가끔 한일 간 정치적으로 극도로 민감한 시기, 예를 들어 독도, 식민지 시절 강제징용, 일본군 성노예 문제 등이 불거지면 어김없이 일본제품 불매운동이 일어난다. 불매 품목은 누구나 쉽게 구입하여 사용할 수 있는 생활소비재에 한정되어 있다. 불매운동도 방송이나 미디어 등에서 마치 자신들이 애국자인 것처럼 떠들어대는 그때 잠시, 길게는 수개월에 그친다.

일본제품인 의류나 편의용품 등 생활소비재는 일시적으로 아니 영구적으로라도 구매하지 않아도 되지만, 절대 의

존형 교역구조가 고착화된 반도체·디스플레이 장비·소재, 자동차 전장부품[5] 등은 여전히 대체가 어려워 곤욕을 치르곤 한다.

아직도 첨단 기술, 기계 분야 등등에서 일본 의존도가 높은 것은 대한민국 정부를 비롯한 한국인 모두가 책임을 통감하고 반성해야 할 사안이다. 현재 한국은 과학기술 분야에 많은 발전을 이루어 냈지만, 기초과학이나 원천기술 등의 분야에는 주요 국가들 특히 역사적으로 늘 대립하고 경쟁해야 하는 중국과 일본에는 뒤처지고 있다.

과학, 기술 등이 주변 국가보다 뒤처지는 요인을 굳이 찾아보면 조선시대에 유교를 중시하여 글 읽는 선비를 우선시하고 농업을 권장하고, 공업이나 상업을 경시한 사·농·공·상의 체제가 현대사회까지 그대로 전이된 영향이 크다.

한국에서는 우수한 외국 제품이 있으면 그 제품을 기반으로 더 나은 제품을 개발하기보다, 구입해서 사용하면 된다는 개념이 지배적이다. 연구개발비가 많이 드는데 굳이 내가, 우리 회사가, 우리나라가 불필요한 수고를 쏟을 필요가 없다는 개념을 가지고 있다. 그 좋은 제품을 수입해서, 구입해서 판매하거나 사용하면 된다는 생각이 짙다.

---

[5] 우리금융경영연구소 1월 Industry Watch - 對日 무역적자 주요 품목 경쟁력 검토 (총괄편) 2020-01-31

신문물에 대한 호기심, 자체 개발에 대한 무관심과 무감 각은 조선시대에도 나타나고 있다. 임진왜란 당시 왜군은 조총까지 무장하고 침략했다. 그 조총은 16세기 중반 포르 투갈 상인들에 의해 일본에 먼저 전해졌다. 조선과 일본이 조총을 처음 접한 시기가 다르기도 하지만, 그 반응과 대 책은 너무 극과 극이었다.

일본은 16세기경 조총을 보자마자 자체 개발과 생산에 열을 올리고, 수입도 하며 실전에 대비했다. 그 반면 조선 은 임진왜란 발발 3년 전, 일본 사신으로부터 조총을 선물 받았으나 고이 보관만 했던 실록의 기록이 있다.

『선조수정실록 23권, 선조 22년 7월 1일 병오, 1589년 명 만력(萬曆) 17년. 평의지 등이 공작 1쌍과 조총 수삼 정을 바치다.

평의지(**대마도 영주**) 등이 공작(孔雀) 1쌍과 조총 수삼 정을 바쳤는데, 공작은 남양(南陽) 해도(海島)로 놓아 보내 도록 하고 조총은 군기시(軍器寺: **병기창, 현 방위사업청 과 유사**)에 간직하도록 명하였다. 우리나라가 조총이 있게 된 것은 이때부터이다.』

1997년 국가부도를 맞게 한 국가지도자도, 심지어 요즘

기득권자들도 이런 말을 쉽게 한다. '머리는 빌리면 된다'

한국인에게는 '빌리면 된다'는 다소 의존적 사고 의식이 짙다 보니 국가적 개념도 '내 나라 내 조국'이 아니라, '우리나라 우리 조국'이니 '지켜야 할 나라가 내 나라가 아니어서 내가 아니어도 된다'는 모호성을 가지게 된다.

이런 모호성이 잠재하고 인식하니, 쉽게 나라를 팔고, 나아가 일제 부역질을 했더라도, 단죄하지 않거나 못하고, 친일을 하면 호의호식하는 세상이 되는 것일 수도 있다. 지금도 일본을 등에 업으면 성공한다는 공식을 신 친일세력이 이어가고 있다.

04. 대한조선인

조선이라는 국명은 상고시대 단군조선과 이성계 조선이 사용한 가장 오랜 기간 한반도 국가의 국호이다. 19세기 일본의 식민 지배 침략이 시작되면서 조선은 급격히 몰락해 갔다. 500년의 역사를 지닌 조선의 국호마저 지워야 하는 절체절명의 국난을 계속 겪게 된다. 급기야 19세기 말 대한제국(1897)으로 개칭하면서 조선과 대한의 국명이 공존하게 된다. 지금도 한반도 남쪽에서는 '대한'을, 북쪽에서는 '조선'을 각각 사용하고 있다.

일제강점기 이후 대한민국에서는 조선을 쓸 때는 앞뒤 단어를 잘 선택해야 하는 시대가 되고 말았다. 혹여 조선 앞에 남과 북을 각각 붙여 남조선, 북조선이라고 하면 빨갱이 또는 불순분자가 되어 버린다. 그에 더해 조선 뒤에 사람 인을 붙여 조선인이라고 하면 욕이 되기도 하고 또 이념에 휩싸이는 용어가 된다. 특히 일본어로 '조센징'이라고 하면 멸칭이 되고 비하 발언이 되기도 한다.

일본에서는 한국과 연을 둔 재일본대한민국민단(민단)을 한코꾸진(한국인)이라 하고, 북한과 연을 가진 재일본조선인총연합회(조총련)를 조센징이라고 한다. 물론 지칭을 위 두 가지로만 나눠 쓰이는 것은 아니지만, 통상적으로 위와 같이 구분할 수 있다.

대한민국에서도 조선이라는 단어를 당연히 사용하고 있고, 자주 사용하며 전혀 거부감을 나타내지 않는다. 하지만 조선인이라는 인칭대명사에는 적지 않은 거부감이 있다. 조선인은 곧 조센징이라는 멸칭이 연상되기 때문이기도 하다.

조센징이 한반도 사람을 비하하고 업신여기는 단어가 된 것은 일제강점기에 비롯되었다. 조선조 말 10여 년 동안 대한제국의 시기가 있었지만, 당대나 이후에도 대한인이라고 하기보다 조선인이라고 표현하였고, 그렇게 불렀다. 나라를 빼앗긴 굴욕의 시대에서 조선인은 일본인에게 차별, 차등, 멸시, 부당함 등등 온갖 수모를 당해야 했기에 조선인 자체가 바로 멸칭이 되는 것이었다.

일본에 의한 멸칭의 인칭대명사 조센징은 해방 이후 대한민국에서 그대로 사용되고 있다. 생활 속 미미한 질서조차 무시하는 사람에서부터 어처구니없는 행동과 범죄를

저지르는 사람에게 눈으로 속으로 겉으로 혼잣말로 조센
징이라 비아냥거린다.

세상 어느 나라, 어떤 민족이든 반사회적 인간이 있기
마련이다. 범죄자, 질서파괴자, 사회부적응자, 민폐자 등등
다양하게 있지만 중요한 것은 규모와 횟수이다. 선진국,
후진국 등으로 나누는 판단도 국민 전체의 소득 규모와
정치, 경제, 사회의 수준과 안정성, 과학기술, 문화 수준
등등이 어느 정도인지를 두고 가늠하는 것은 당연한 일이
다.

한국에서는 다른 사람에게 폐를 끼치는 행동을 대수롭
지 않게 여기는 경우가 매우 많다. 범죄나 법을 위반하는
행위에는 공권력이 나서야 하지만 기초질서나 사회규범
등은 사회구성원 스스로 가꾸고, 지키고, 만들어 가야 하
는 일이다.

한국은 역사적으로 중국과 일본으로부터 침략도 받고,
선린관계를 유지하기도 했다. 하지만 한반도는 주변국가에
비해 약소국임에는 변함이 없었다.

조선조 이후 한국과 중국은 전쟁, 이념 등의 문제로 한
동안 관계가 악화되고, 소원해졌다. 그 여파로 지금의 한
국인들은 자연히 중국, 중국인을 일본, 일본인보다 더 비
호감으로 각인되어 있다. 이런저런 연유로 많은 한국인이
중국인들의 일부 미디어에 노출된 무질서한 행동들을 보

며, 조소하고 비난을 즐긴다. 하지만 그와 무관하게 현재의 중국은 범접할 수 없는 초강대국으로 급성장하였고, 국제사회에서의 영향력 또한 무시할 수 없는 위치를 점하고 있다.

식민 지배를 직접 겪지 않은 현재의 한국인들은 일본에 대한 호감도가 해를 거듭할수록 높아가고 있다. 일본은 사회질서, 규범 등의 준수는 다른 나라에 비해 월등히 높다. 아시아 국가 중 유일하게 서구 국가와 비견되는 선진국으로 꼽기도 한다.

적지 않은 한국인들은 일제강점기 시절을 잊고, 현재 표면적으로 드러난 비교적 정돈된 일본의 모습만 보며, 흠모하고 호감에 빠지고 있다. 일본의 앞선 행보를 따라잡으려는 의지보다. 내부 분열을 조장하기도 하고, 몰지각한 사람을 조센징이라 비하하기도 하고 분개하기도 한다.

일본이 한반도를 하대하는 혐한(嫌韓)의 역사는 고대부터 시작되었다고 할 수 있다. 왜구가 한반도에 침입하여 노략질과 약탈 살인 등을 저지른 행위는 유한적 혐한이라고 한다면, 식민 지배를 한 근대부터는 무한적 혐한의 시작이라고 해야 한다.

일제강점기부터 많은 조선인이 자의와 타의로 일본에 거주하게 되면서, 일본인들은 대규모의 조직으로 직접적이고 습관적으로 혐한을 저지르기에 이른다. 1923년 일본

관동대지진 발생 때 '조선인이 방화하였다.', '조선인이 폭동을 일으킨다.', '조선인이 우물에 독을 넣었다.' 등의 유언비어를 확산시켜 일본 내 조선인 수천 명을 학살하였다.

일본제국의 패망 이후, 일본 내 조선인 200여만 명 중 150여만 명은 한반도로 귀환하였다. 그러나 여러 사연으로 일본에 잔류하게 된 나머지 50여만 명은 일본인들에게 또 다른 혐한의 표적과 대상이 된다.

여러 조사나 연구에 의하면 많은 일본인이 자국 내 재일동포를 멸시, 차별하는 것과 별개로, 대한민국을 혐오, 비판하며 가두시위, 혐한서적 출판, 온라인상 욕설 등이 본격화된 것은 2002년 한일월드컵 즈음으로 보고 있다. 한국 드라마가 일본에서 인기를 얻으며 한류가 꽃피운 것도 이 무렵이다. 이런저런 요인이 합쳐진 그 시기, 일본의 우익이 혐한을 내세워 다시 똘똘 뭉치게 된다.

2002년 한일월드컵은 당시 대한민국 전 국민에게 커다란 위안과 희망, 환희를 안겨 준 국가적 행사였지만, 이면에는 여러 불편한 후유증이 동반되고 있다. 일본은 2002년 월드컵 유치를 위해 오랜 기간 준비했는데, 한국이 급작스럽게 유치전에 뛰어들어 FIFA는 고육지책으로 한일양국 분산 개최를 결정했다. 당시 월드컵 결과는 일본은 16강에, 한국은 4강 신화를 이루었다.

일본은 한일월드컵 유치전부터 시작된 울분이, 한국의

4강 신화를 목격한 후 폭발한 것이다. 이를 기점으로 혐한을 조직적으로 결집한 것으로 보고 있다. 그 시기에는 전쟁이나 대혼란 등의 극한 상황이 아니다 보니 가두시위와 여러 매체를 통해 혐한 활동을 변형, 재개한 것이다.

그리고 염두에 둬야 할 것은 일본은 중국, 북한 등 다른 나라에 대한 혐오 현상은 미미하다는 사실이다. 일본과 적대적 관계인 중국을 그다지 혐오하지 않은 것은 비단 중국이 강대국이라고 해서가 아니다. 더 적대적 관계인 북한을 혐오하지 않은 것을 보면 충분히 설명 가능하다. 물론 일본 거주 조총련계 비난과는 별개의 문제이다.

혐한의 근본적인 문제는 당연히 일본이지만 유독 표적의 당사자가 된 한국인 자신도 뭐가 문제인지 반드시 살펴봐야 한다. 문제의 해결은 간단하다. 일본보다 더 강대국이 되면 된다. 하지만 그것은 지금 당장은 이룰 수 있는 일이 아니다.

일본의 혐한배들이 한국을 비판하고 싫어하는 요인은 여러 가지 있다. 그 주된 요인 중 하나는 자기네를 교묘하게 따라 한다는 것이다. 표절과 모방을 하고, 많은 이득이 생기면 발뺌하는 것에 분노가 쌓인다고 한다. 이와 유사한 현상이 미국에서 이미 발생했다. 한인이 미국의 지역사회에서 이득만 챙기다가 곤경에 처했던 사건을 예로 보면 잘 알 수 있다.

1992년 미국 LA 폭동 사태는 당시 백인의 흑인 차별 문제 때문에 촉발된 사건이었으나 되레 흑인이 한인사회를 공격하는 폭동으로 번졌다. 사태의 발단은 주로 흑인 거주지에서 장사하고 돈을 버는 한인들이 주 고객인 흑인과는 그다지 사이가 좋지 않았기 때문이다. 한인들은 흑인들과 같은 지역에서 거주하며 장사를 해 돈만 벌었지, 지역사회와 주변인(흑인)에게 잘 베풀지도 나누지도 않는다는 불평, 불만, 혐오가 오랜 기간 쌓여 있었다.

그러던 와중 흑인 차별 문제가 폭발했고, 백인들을 상대로 공격했으나 역부족임을 직감하게 된다. 현실을 실감한 흑인들은 끊어오는 분노를 잠재울 화풀이 대상을 찾은 것이 바로 미국 내 소수민족인 한인들이었다. 그동안 억누르고 쌓아놓았던 한인에 대한 불평, 불만이 예기치 못하게 터진 것이다.

사태가 끝나고 어떤 한인은 언론 인터뷰에서 폭동 피해의 원인을 이렇게 말했다. '우리는 교회에 십일조만 잘 내면 되는 줄 알았지! 사회 주변은 살펴보지 않았다'고 했다.

미국의 흑백갈등이 한흑갈등으로 뒤바뀐 된 것은 일본의 혐한 활동과 맥락은 크게 다르지 않다. 그 사회에서 돈을 벌었으면 그 돈으로 사회공헌에도 앞장서야 하는데, 적지 않은 한국인들은 지역사회보다 자신과 가족, 자신과 직

접적 이해관계가 있는 곳에만 돈을 쓰다 보니 극한 상황
이 발생하면 주변과 지역사회를 외면한 대한조선인은 쉽
게 외부의 시기, 질투, 공격 대상이 되고 있다.

국내에서는 어처구니없는 행동을 하는 대한조선인이 넘
쳐나더라고 눈으로 겉으로 속으로 욕만 할 뿐 집단 공격
의 위험성은 전혀 없으니 슬프지만 다행이라고 해야 하겠
다.

05. 망각

    '역사를 잊은 민족에게는 미래가 없다'라는 말은 삼일절, 광복절이 다가올 때나 항일과 연관시켜 자주 사용하는 문구이다. 이 출처 불명의 문구는 인터넷 검색을 해보면, 정확한 내용을 확인할 수 있을 정도로 정보 홍수의 세상이 되었다. 하지만 여전히 여러 곳에서 단원 신채호가 말한 것처럼 인용하고, 오인하며 관용구로 쓰고 있다. 사실 위 문구의 출처는 모 방송국의 작가가 항일 역사에 관한 프로그램에 쓰기 위해 여러 문구를 짜깁기 및 표절하여 단원 신채호가 말한 것이라고 대본화했고, 방송까지 되었다. 당시 많은 호응을 받았다.

    많은 호응과 별개로 위 문구는 신채호의 어록과 무관함이 밝혀졌다. 여러 논란으로 일이 커지자, 해당 방송국은 문제의 작가는 퇴사했다며 발뺌함으로 언론사에 대한 저급한 신뢰감을 확실히 충족시켜주었다. 공영방송조차 근거 없는 말을 짜깁기하고 표절하여 사실처럼 둔갑시켜 방송하는 것이 현실이다.

아무튼 역사를 잊든, 개인사를 잊든 한국인의 망각이나 과거의 흔적을 지우려는 모습은 자주 목격된다. 그러하기에 위 언급한 짜깁기, 표절 문구가 만들어졌지만, 한국인의 폐부를 찌르는 정확한 표현이기도 하다 보니 계속 사용되지 않나 싶기도 하다. 수년 전에는 대학수학능력시험에서 한국사 과목을 선택과목으로 했다가 다시 필수과목으로 전환하기도 했다. 한국사 과목을 이렇게 천시하여, 선택의 대상으로 저울질했다가는 언제, 어떻게 수능시험에서 선택과 필수가 아닌 완전 배제가 될지 모를 노릇이다.

굴욕의 역사도 역사이기에 정확히 밝혀야 하고, 알아야 한다. 하지만 한국사 과목을 두고도 저울질하는, 왜곡된 역사 관념이 뚜렷하게 살아있는 현실에서 적지 않은 무리에게는 아픈 역사가 결코 아픈 역사가 아닐 수도 있다. 근현대 한국사에서는 아픈 역사의 실존 인물 또는 직·방계 후손들이 엄청난 수혜로 호의호식하고, 권력층과 직간접적으로 연계되어 있다. 아직도 이런 혼탁한 현실에서는 한국사의 올바른 집필과 교육, 주요 시험 과목의 채택에서 갈피를 잡지 못하기 마련이다. 정권에 따라, 주변국의 입김에 따라 한국사 교육이 흔들리는 행태를 겪어도 전혀 부끄럽게 생각하지 않는 무리가 아주 많은 것이 대한민국의 모습이기도 하다.

다시 조선시대로 돌아가 임진왜란 당시를 보면, 왜노에 대한 보복은 안중에 없음이 확인되는 한탄스러운 대목이 실록에 기록되어 있다.

『선조실록 90권, 선조 30년 7월 9일 무술 1597년 명 만력(萬曆) 1597년 명 만력(萬曆) 25년

비변사(**국방, 군사의 사무, 행정을 맡은 관아**)가 태학생들의 상소를 받아들이자고 하다.

비변사가 아뢰기를,

"성균관은 바로 나라의 학교이니 국사가 안정되면 수리하고 건축하는 일을 국가의 재력으로 경영해야 할 것입니다. 지금 중국 군사가 대거 도착하여 이들에게 지급할 식량이 고갈되었는데 판출할 계책이 없으니, 일에는 완급이 있으므로 문묘 수축비를 군량 조달에 우선 이용하려 했던 것입니다. 이로 인하여 성균관 제생들이 상소까지 하였는데 이 또한 나름대로의 소견에서 나온 것이니 문묘 수리 물자를 가져다 쓰지 않는 것이 마땅하겠기에 감히 아룁니다."

하니, 상(**임금 선조**)이 아뢴 대로 하라고 하였다. 【적과

더불어 한 하늘 아래에서 지내온 지 어언 6년이다. 그 동안 백성들을 교훈하고 국력을 키우며 부서진 것은 수리하고 재물을 축적하는 등의 일을 마땅히 강구해야 하는데도 다만 화친설만 믿고서 원수를 갚을 뜻은 모두 망각하여 한 가지도 조치하는 일은 없고 도리어 구차한 계획만을 꾸며 심지어 유생들이 학교를 건축하려던 재물을 빌어 대군의 양식으로 대주려고 하니 이후에 사용할 물자는 어디에서 빌어다가 충당하려는지 알 수 없다. 그렇다고 어쩔 수 없는 사정이라 단정하고 손발을 묶어 놓고 앉아서 망하기를 기다려야 하는가. 묘당이 수년간 짜낸 계책이 겨우 이 정도에 그쳤으니 아, 통탄할 일이다. 】』

위는 임진왜란 중 왜군이 남부지방 일대를 수년간 점령한 상태에서, 조선 8도 중 4도 할양 요구 등 7개 항을 요구하며 전쟁과 강화협상을 반복하다가 정유재란을 일으킨 1597년의 7월 기록이다.

다시 자세히 들여다보면 명나라와 왜군이 일진일퇴, 전쟁과 휴전을 반복하며 화친, 강화협상을 하던 시기였고, 조선은 명군의 식량 수급 조달도 빠듯한 상태였다. 이런 난리통에 조선의 성균관 유생들은 나라의 앞날을 명군에게 맡기고, 부서진 성균관 수리가 급선무였다. 이는 조선시대 유생이 생각하는 조국과 국방에 대한 사고방식이 정확하게 드러낸 사건이다. 유생들조차 조국과 국방에 대한 관념이 이러할진대 일반백성이라고 해서 큰 차이는 없을 것으로 감히 가늠해 본다.

전쟁 와중에도 철천지원수 왜군의 만행을 망각하고, 성균관 수리가 시급한 것은 중국 명군들이 조선을 구하고 있는데, 공자와 성현(중국 유학 관련 인물)들이 모셔진 성균관이 파괴되었으니 도리가 아니라 생각한 것일 수 있다. 지금의 한국사에서는 거의 다루지 않지만, 조선조의 명나라에 대한 사대사상과 유교적 이념은 상상외로 심각했다. 이는 왕조실록 등 여러 문헌에서 충분히 확인할 수 있다. 전란 중 왜적과 맞서는 것보다 공자의 사당이 있는 성균관 수리로 명군에게 충성을 증명하는 것이, 조선의 유생들에게는 당연한 처사였던 것으로 보인다.

위 내용만 보면 유생들은 전쟁에 참전하지 않았다는 결론이 나온다. 그렇다면 국가의 미래를 위해 머리를 맞대 신무기 개발, 또는 군사력 증진 방안 등을 모색하거나 건의해도 모자랄 판에 성균관 수리가 눈에 들어오니 한심하기가 그지없는 당시 상황이다.

왜적, 외적이 침략과 도발을 반복하는데도, 마치 남의 나라 일처럼 쉽게 망각하고, 대비하지 못하면 전쟁과 지배를 계속 당할 수밖에 없다.

대한민국은 일본제국의 지배에서 벗어난 20년 후인

1965년 한일협정을 체결한다. 협정의 주 내용은 일본에게 경제원조를 받고, 식민지 지배의 사건을 묻지 않는 것이었다. 그로부터 51년이 지난 2016년에는 한일군사협정까지 맺는다. 유사시에는 일본의 군사가 한국 군사와 협력하여 상호 방위한다는 내용이다.

역사 이래 일본은 군사력 등에서 한반도 국가보다 항상 우위였다. 이런 격차로 인해 왜구는 노략질, 침략, 지배를 반복하게 된다. 하지만 조선, 대한민국은 위 악행을 당해도 얼마 지나지 않아 왜구, 일본과 다시 화해하고 손을 잡는다. 지금 시대에 와서는 경제협정도 모자라 군사협정도 체결한다. 이러한 반복된 국욕을 당해도 대다수 국민은 대수롭지 않게 여기고, 긍정적으로 받아들인다는 것이다.

일본은 국욕을 겪어도 망각이 늘 습관처럼 된 한국인의 사고방식을 한국인보다 더 잘 알고 있다 보니, 때만 되면 노략질과 침략을 이어간다. 그러다가 다른 필요가 요구될 때는 화친을 미끼로 굴복시키게 한다. 임진왜란을 일으킨 도요토미 히데요시가 사망하고, 도쿠가와 막부가 정권을 잡은 후, 조선조에게 화친의 의미로 조선통신사를 도일하게 했다. 조선통신사는 임진왜란이 끝난 몇 년 후인 1604년에 시작하여 도쿠가와 막부의 마지막 계승자 취임 해인 1811년까지 200여 년 동안 총 12차례 도일을 끝으로 중단되었다. 그리고 주지해야 할 일은 200여 년 동안 양국 정부 간 화친과 무관하게 왜구의 노략질은 계속되었다.

조선과 우호적 관계를 설정한 도쿠가와 막부가 1868년에 무너지면서 일본은 다시 조선 침략의 포문을 열게 된다. 일본은 막부가 막을 내린 지 8년 만에 강화도 주변에서 운요호 사건을 일으키고, 1876년 강화도조약을 체결하며 조선 식민지 지배의 시작을 알린다.

수천 년 역사에서 왜적의 한반도 도발은 항상 반복되고, 일관된 유형을 나타낸다. 이를 당하는 한반도는 늘 수세적, 방어적 행태를 보이니 왜적의 노략질과 침략은 끊이지 않는 것이다. 공격은 최선의 방어라는 흔한 말이 있지만, 실행하기에는 만만치 않은 일이기도 하다. 현재의 대한민국도 일본의 다양한 유형의 도발을 해 와도 얼마 지나지 않아 쉽게 망각하며 살아가고 있다.

일본은 지금 한국을 상대로 군사적 노략질과 침략을 할 수 없는 상황을 감안해 경제, 문화, 과학기술 등의 측면에서 때로는 제재를 가하며 보복과 굴복을 병행한다. 그들이 한국으로부터 챙겨가는 경제적, 국가적 이득은 금전적, 심리적으로 환산할 수 없을 정도로 많다.

이 역시 남의 일처럼 여기거나 쉽게 잊는 한국인들이 너무도 많다.

3. 조공

01. 조공

　　과거 한반도 역사를 보면 주변 국가와 전쟁도 하고, 경쟁도 하고, 침탈을 당하기도 하는 수난의 연속이었다. 한반도는 주변국보다 강대국의 위치에 있었던 것이 아니라, 대개 피해의 약소국이었을 시기가 더 많았다. 약소국은 강대국과의 억지 평화유지를 위해 조공은 선택이 아니라 필수요건이 될 수밖에 없었다. 그렇다 보니 조선조는 중국왕조에게 조공과 사대의 예를 다하는 것을 당연하게 여겼고, 또 그런 조건으로 나라를 세우기도 했다.

지금은 시대가 변해 표면적 조공관계가 사라졌지만, 중국왕조에서 미국으로 대상만 바꿨을 뿐 사대의 근본 기조는 유사하게 이어가고 있다고 해도 터무니없는 말은 아니다. 현대사회에서는 국가 간 사대관계라는 굴욕적 용어는 사라지고, 우방, 동맹 등 다소 유연한 표현을 사용하고 있다. 지금은 과거 시대에 존재한 조공, 노예제, 식민 지배 시대는 사라졌지만, 우방, 동맹이라는 미명 아래 국가 간 우열, 상하관계 질서는 여전히 명확히 구분되어 있다.

조선왕조실록을 토대로 조선의 중국왕조에 대한 조공 행적을 보면 가슴이 먹먹하고 찢어진다. 하지만 안타깝게도 그 굴욕의 굴레는 지금 시대에도 어김없이 반복되고 있다는 사실이다.

현존하는 조선왕조실록 중 국사편찬위원회에서 제공하는 인터넷 데이터베이스에서 조공(朝貢)의 단어를 검색하면 국역이 258건, 원문이 187건으로 나온다.

아래는 조선의 사대문서인 표·전문 중에서 글자를 두고 명 황제 홍무제가 트집을 잡자, 태조 이성계가 조아리며 조공의 횟수를 늘리겠음을 허락해 달라는 내용이다.

중국은 조선조 동안 사대문서의 글자조차 간섭하고 지적하고 수정을 요구하며 트집 잡는 사례가 여럿 있었다.

『태조실록 12권, 태조 6년 12월 28일 병오 1397년 명홍무(洪武) 30년 표·전문의 계본을 쓴 예조 전서 조서를

보내며 중국 예부 상서에게 회답한 글

임금이 최호(崔浩)가 싸 가지고 온 글에 의하여 통사(通事) 곽해룡(郭海龍)을 보내어 계본(啓本)을 쓴 사람 예조 전서(禮曹典書) 조서(曹庶)를 관송(管送)하여 경사(京師)에 이르게 하고, 인하여 예부 상서(禮部尙書) 정기(鄭沂)에게 회답하였다.

"타각부(打角夫) 최호(崔浩)가 경사(京師:**명의 수도 남경, 북경 천도 전**)에서 돌아오는 편에 유서(諭書)를 받들어 받아 두세 번 읽었으니 놀랍고 황공하여 몸둘 바를 모르겠습니다. 홍무(洪武) 25년부터 나라를 관장(管掌)한 이래, 무릇 천추절(千秋節)을 만나면 다만 예전의 자양(字樣)에 의하였는데, 성은(聖恩)을 입어 작은 나라를 보전하여 지켰으니, 위를 공경하는 마음을 조금이라도 게을리 하겠습니까? 저번에 수재(秀才)가 표전(表箋:**중국에 대한 사대 문서**)을 지은 것의 차오(差誤)로 인하여 지금까지 항상 황공하고 근심하옵는데, 어찌 하루라도 생각에 잊었겠습니까마는, 이번의 계본도 자양(字樣)이 차오되었으니, 이것이 첫째는 내가 어리석고 졸한 까닭이요, 둘째는 소방(小邦:**소국의 의미, 조선**) 사람의 언어(言語)·자음(字音)이 중국과 같지 않고, 또 조정 문자(文字)의 체식(體式)과 회피하는 자양을 알지 못하여 이런 차오를 가져온 것이니, 하정(下情)에 부끄럽고 두려운 것을 어찌 이루 말하겠습니까? 삼가 통사 곽해룡을 시켜 계본을 쓴 사람 조서(曹庶)를 관송하여 경사(京師)에 가게 하오나, 다시 후래의 문서가 또 차오를 이룰까 두려우니, 엎드려 바라건대, 불쌍히 생각하여 주문(奏聞)하여 응당 회피하여야 할 자양을 소방(小邦)에 나누어 주시어 영구히 준수하게 하소서. 또 3년에 한 차례씩 조공하라고 유시하셨으나, 생각하옵건대, 소방(小邦)은 중국으로 가기에 멀지 않으니, 만일 다른 해외 번방(藩邦)에 비교하여 3년에 한 번 조공한다면 신자(臣子) 된 마음에 스스로 편안할 수 없으니, 다시 바라옵건대, 긍찰(矜察)하여 아울러 아뢰어 전과 같이 하정(賀正:**신년**)·성절(聖節:**황제 생일**)·천추(千秋:**황태자 생일**) 때마다 조공하도록 허락하여 주시면 대단히 다행하겠습니다.”』

앞서 '배반' 편에서 기술했듯 이성계는 즉위년인 1932년에 명 황제에게 억만년 동안 조공하겠다고 맹세한 적 있다. 위 이성계는 문서 글의 차오를 일으켜 황공한 마음으로 3년에 1회였던 조공을, 1년에 3회로 증가함을 허락받으려는 심경은 결연하기만 하다.

이성계의 그 결연함과 간절함이 내포된 문서 기록을 600여 년이 지난 지금 마주하니 참담하고 안타깝기 그지

없다.

　조공 관계의 조선조와 중국왕조 모두 역사 속으로 사라졌지만, 조선을 이은 남측의 대한민국은 미국과의 관계를 중국왕조에 버금가는 현대적 조공 개념을 유지하고 있다고 해도 절대 과언만은 아니다. 1980년대 말 이후 민주화가 발전하면서 미국에 대한 견해를 다양하게 표현할 수 있는 시대가 도래한다. 그러면서 보수와 진보, 두 진영은 미군 주둔과 전시작전권 문제만큼은 현격한 차이를 나타내게 된다.

　보수진영은 군사적 지휘권을 계속 미군에게 맡기고, 미군이 대한민국에 주둔하여 한반도 안전을 확보해 주기를 원칙으로 하고 있다. 반면 진보진영은 이제 대한민국도 자주국방의 능력을 갖췄다고 판단하여 미군을 의존하지 않으려 한다. 한국인들도 지지하는 정치진영에 따라 미군 주둔과 철수에 관한 입장이 둘로 나누어져 있다.

　미군의 주둔은 대한민국 국가재정 지출에 적지 않은 영향을 끼치고 있다. 몇 년 전이지만, 2021년도 국방예산이 국회 의결을 거쳐 전년 대비 5.4% 증가한 52조8,401억원[6]이었다. 그 이듬해 2022년 국방비는 국가재정 대비 점유율은 13.0%이며, 매년 큰 차이는 없다.

---

6) 국방부 보도자료, 2020.12.02

대한민국 국방비에서 미군 주둔비용이 포함되어 있다. 미군은 1957년 7월 1일부터, 2019년 기준으로 28,500명이 현재 주둔 중이다. 주둔비용은 한국 정부가 부담하는데 2021년에는 1조1천8백 억원[7]이 소요되었다.

미국산 무기 구입비용도 만만찮은데, 한국이 미국 무기를 전 세계에서 세 번째로 많이 수입하고 있다. 국방기술진흥연구소가 펴낸 '2022년 세계 방산시장 연감'을 보면, 2021년 국방비 지출 1위가 미국으로 8,010억 달러, 2위는 중국으로 2,930억 달러이다. 그리고 일본이 541억 달러 8위이고, 다음이 한국으로 502억 달러이다. 미국의 무기 주요 수출국 점유율 1위는 사우디아라비아로 23%를 차지하고, 2위는 호주로 9.4%, 3위가 한국으로 6.8%이다. 또한 한국의 무기 수입 63%가 미국산이며, 다음이 독일 27%, 프랑스 7.8% 순이다.[8] 그리고 여러 시사저널 등의 보도 내용을 종합하면 한국 정부는 2022년 1년여 동안 미국산 무기를 18조 원어치 구매한 것으로 밝혀지고 있다.

위와 같이 매년 미국에 대한 매우 일방적인 국방 재정 지출에도 불구하고, 지난 2019년에는 미국 대통령이 미군의 월급까지 한국이 부담해야 한다고 협박 아닌 협박을

---

7) 국방부, e-나라지표 방위비분담금현황, 2021-11-11

8) 국방기술진흥연구소, '2022년 세계 방산시장 연감'

하기도 했다. 물론 성사는 되지 않았지만, 대한민국이 얼마나 우스워 보였으면 그딴 소리와 상상을 할 수 있었을까 하는 자괴감이 들기도 한다.

지금 시대에도 위와 같이 미국에 대해 여러 방면으로 의존성을 보이고 있듯, 조선시대에도 자주국방을 등한시하고 외세에 의존하여 국가를 존속하려는 행태를 일삼았다. 조선조의 전란 역사를 돌아보면, 바다를 건너 남쪽에서 침략한 일본의 임진왜란이 끝난 30여 년 후, 이제 강을 건너 북쪽으로부터 청의 외침을 겪게 된다. 짧은 기간 다시 굴욕의 전쟁을 맞게 되었는데, 당시 국왕 인조의 상황을 아래에서 간략하게 되짚어 보려 한다. 또한 실록에서 그가 얼마나 외세 의존적이었는지 알 수 있는 대목도 찾아보았다.

인조는 광해군을 내몰고 인조반정으로 왕위를 찬탈했고, 등극 5년이 되는 1627년에 정묘호란을 겪는다. 그 전쟁에서 패했음에도 조선은 한족왕조인 명나라를 섬겼기에, 만주족(청나라)을 오랑캐로 여겨 형제국으로 받아들이지 않았다. 이에 만주족은 병자호란(1636)을 일으켜 조선을 다시 굴복시킨다.

이로써 인조는 삼전도(현 서울 송파구 삼전동 부근 옛 나루터)에서 청 황제 숭덕제에게 삼배구고두례를 하며 굴욕적인 항복 선언을 하게 된다.

정묘·병자호란 당시 명나라는 이미 쇠약해져 조선을 구원할 여력도 시간도 없었다. 만주족(청)은 두 전란 모두 초단기간인 2개월여 만에 조선을 굴복시켰기 때문이다. 병자호란이 끝나고 왜구의 노략질이 활개를 칠 무렵 인조는 국가방위에 관해 어떤 관념을 가졌는지 알 수 있는 내용은 다음과 같다.

『인조 16년 1월 24일 1638년 명 숭정(崇禎) 11년

상(임금)이 차왜(差倭)가 말한 7조목의 일을 가지고 대신과 비국 당상을 인견하였다. 영의정 이홍주(李弘冑)에게 이르기를,

"경의 생각에는 어떠한가?"

하니, 아뢰기를,

"이번에 와서 청한 것이 과연 이상한 듯합니다만, 숙배하는 예에 있어서 단상에서 행하고자 하는 것은 대단히 따르기 어려운 청은 아닙니다."

…중략…

[지은이 주: 위는 일본 사신(차왜:差倭)이 요청한 7조목(일본이 조선에게 공물 요구와 불만 사항을 담은 7가지 항목) 등을 인조가 신하로부터 보고 받고 논의하는 내용이다.]

"도주(島主: 대마도주 일본사신, 차왜)가 조흥에게 모함

- 95 -

을 받아 이런 청이 이번에 있게 되었으니, 비록 준허(准許)할 수는 없더라도 한두 가지는 들어주지 않을 수 없습니다."

하니, 상이 이르기를,

"7조목 모두 우롱하는 뜻이다. 이미 우리를 침략하려 하고 있으니, 비록 도주의 청을 준허하더라도 어찌 전쟁을 늦출 수 있겠는가. 우리가 취할 방법을 다하여 저들의 동정을 기다릴 뿐이다."

…중략…

병판 이시백이 아뢰기를,

"옛날 뽕나무를 다투다 흔단(**틈이 벌어지는 단서**)을 낸 일이 있으니, 삼가지 않을 수 없습니다. 왜구가 우리나라를 침범하더라도 청나라 사람들이 와서 구원해 주리라는 것을 기필할 수 없습니다."

하니, 상이 이르기를,

"그렇지 않다. 우리나라가 왜구의 소유가 되면 강 하나만을 사이에 두고 있을 뿐이니, 청나라가 위태로울 것이다. 후환을 걱정하지 않을 수 없어서 반드시 힘을 다해 구원할 것이다. 임진년 난리 때 명나라에서 와 구원해 주었던 것이 어찌 단지 우리나라만을 위해서였겠는가. 그 형세가 그런 것이다. 하였다."』

　예나 지금이나 한반도의 국가 통치자는 자주국방보다, 외세의 힘을 빌려 자신의 자리를 보존하고 국가를 존속시켜 나가려는 행태는 전혀 변하지 않는다.

　해방 이후 특히 1987년 민주화가 싹트면서 진보와 보수 진영이 서로의 진영 논리를 가지게 된다. 이때부터 미군철수와 자주국방을 외치는 진보진영은 진정한 애국자이기보다, 오랜 역사적 버팀목인 사대를 거스르는 행위를 하는 반역자가 되어버렸다.

　내 나라 내 조국을 지키는 것이 내가, 우리가 아니라, 인조의 말대로 '형세가 그런 것이니(**실록 원문:** 其勢然也)' 다른나라가 지켜주는 것이 당연하다고 생각하고 있다. 이런 숨길 수 없는 사대주의 사상은 지금 대한민국 사회에서 늘 인구 거의 절반이 믿고 따르고 있는 형세이다.

02. 군역

한반도 역사상 크고 작은 외침(外侵)의 횟수는 대략 1,000여 회로 추산하고 있다. 이 땅에서는 외세(外勢)의 침략을 당하면 또 다른 외세에게 구원을 요청하여, 나라를 지키려는 위정자가 즐비하고, 이를 당연하게 여기는 백성들도 넘쳐나고 있다.

국방, 군사력의 제일은 무기이다. 하지만 무기보다 더 중요한 것은 그 무기와 함께 죽음을 담보로 전투에 직접 나서야 하는 사람이 필요하다. 즉 죽음을 두려워하지 않는 용감무쌍한 군인이 있어야 한다.

현재 국내에서는 무기를 자체 개발, 생산도 하고, 무기의 수출입이 세계 상위권에 꼽히고 있다. 그리고 첨단 항공과 미사일 체제 등은 주로 미국에서 엄청난 비용을 들여 구매해서 배치 및 운용하고 있다. 그에 더해 주한미군이 직접 운용하는 첨단 무기들도 즐비하다. 국가의 형세는 언제 어떻게 바뀔지 모르기에 오롯이 자주국방이 원칙이 되어야 정상적인 국가가 되는 것이다.

지금 대한민국이 의지하고 있는 미국의 국력과 형세도 언제든 바뀔 수 있기에, 자주국방은 너무도 당연한 일이다. 해방 이후 줄곧 미군을 의지하고 있는 상황에서는 한국 군대의 전투력 수준을 직접적으로 가늠하기가 쉽지 않다. 한국전쟁과 월남전 등의 실전마저도 미군의 주도하에 이루어졌고, 승전도 하지 못했다. 현재와 과거의 병력 수급 상황을 들여다보면, 전투력 수준도 간접적으로 확인이 될 듯하기도 하다.

지금 우리나라는 징병제이다. 현재 징병제를 하는 국가는 북한과 이스라엘, 이란 등 소수에 불과하다. 대부분의 나라에서는 모병제 또는 모병과 징병을 병행하고 있다. 지금도 죽음이 오가는 실전을 가장 빈번히 하는 미국, 러시아, 중국 등도 강제 징집이 아닌 지원 입대하는 모병제이다. 모병제는 어떤 입대의 사유가 있던, 최종적으로 언제든지 조국을 위해 목숨을 던질 수 있다는 마음가짐과 애국심이 존재해야만 가능한 것이다.

사실 한국은 휴전 상태로 북한과 대치 상황이지만, 전투 등 실전으로 전사하는 경우는 매우 드물다. 현재 한국군의 인명 사고는 대부분 같은 전우들 사이에 발생하는 갈등과 훈련 도중 발생하는 사고 등에 의한 것이다.

한국에서는 나라를 지키기 위해 목숨을 바치거나 희생하면 본인의 자손들에게 삶의 고통과 가난을 물려줘야 하는 경우가 적지 않다. 근대 역사만 봐도 명확히 알 수가 있다.

일제 식민지가 되었을 때는 독립운동보다 일제를 찬양하고, 독립운동가를 잘 잡고, 밀고하면 성공하는 풍토였다. 해방 후에는 독립운동에 몸 바친 애국자보다 일제에게 빌붙어 부역질한 매국노들, 그 후손들이 더 잘 살고 성공하는 나라가 바로 여기 대한민국이다.

대한민국의 신체 건강한 남성이면 국방의 의무가 당연하다. 하지만 돈으로 빽으로 군대 가지 않는 몰지각한 사람들도 적지 않다. 돈 있고 빽 있고 능력도 조금 있기에 국회 비례대표나 각 지역, 선거구를 대표해서 선출된 국회의원의 면면을 보면 어느 정도 상황이 판단될 수 있다.

제21대(2020~2024년) 국회의원 병역사항을 보면 남성 242명 중 병역이행률은 80.6%이다. 면제율은 19.4%이다. 주요 면제 사유는 국회의원은 수형, 직계비속은 질병이다. 직계비속 병역이행자는 92.5%인 209명이다. 일반 국민의 병역이행율은 복무필이 92.5%, 면제가 7.5%[9]이고 2020년

---

9) 대한민국 정책브리핑, 병무청, 2020.06.10.

현역 처분율은 81.2%[10])이다. 군 면제율에서 보면 국회의원이 일반 국민보다 2배 이상 높다. 또한 군사정권 이후 대한민국 군 통수권자인 대통령들조차 과거 병역 대상일 때 신체 멀쩡하면서 이상한 병을 꾸며내, 군 면제한 자가 더 많으니 기가 찰 노릇이다. 이런 어처구니없음은 선거 중 국민을 대표한 실제 투표자 과반이 선택했기에, 국민 과반은 병역 면탈을 지지하는 것과 같은 개념이기도 하다.

아주 돈 많은 재벌가에서는 군에 가지 않는 것이 통상적 상례가 될 정도이다. 그들은 소위 말하는 어이없는 특권층 무리라고도 할 수 있다. 사실 너무 돈이 많은 재벌가 자손이 군에 가면 병무청 등 군 관계자들도 반기지 않는 분위기이다. 군 복무 중 아무 탈 없기를 바래야 하는 부담스러운 존재들이다.

실제 유명인사, 연예계 스타 등이 입대하면 해당 군부대 관계자는 자신의 부대에 배치가 되지 않기를 바란다. 혹여 유명인사나 그 자제가 군 복무 중 불미스러운 사건, 사고에 휘말리면 일반병사의 사건처럼 성의 없이 처리했다가는 낭패를 겪을 수 있기에 이도 저도 곤란한 상황이 되기 때문이다. 물론 선택받은 그들이 실제 군 복무를 하더라도, 공익요원이 되든가, 아니면 꿀보직으로 차출되어 군

---

10) 통계청, 2021.07.21

생활한다는 것은 일반 대중들은 다 아는 일이기도 하다.

돈을 찾아 헤매는 언론매체들이 만약 유명인사의 군 복무 중 불미스러운 사건에 냄새를 맡고, 하이에나처럼 몰려들어 보도하면 사태가 복잡하게 얽히게 된다. 만에 하나 잘못하다가는 해당 군 관계자들이 하루아침에 옷을 벗어야 하거나, 법정을 오갈 수 있는 불상사도 생길 수 있다.

이와 같은 부당의 원인은 군의 기강이 바르지 못하고, 처우가 모든 병사에게 균등하지 못하기 때문이다. 또한 군의 기강과 규율보다 자신의 안위와 보위에 최선을 다하기 때문이다.

한국에서 '병역기피'하면 떠오르는 대표적인 인물은 가수 유승준이다. 20년이 지난 일이지만 그는 여전히 병역기피의 악몽 속에 살고 있다.

유승준 사건을 되짚어 보면, 미국 영주권자인 그는 1997년 한국에서 가수 활동으로 많은 대중의 인기를 얻었다. 그 당시 외국 영주권자는 체류 기간이 1년을 넘지 않으면 병역의무를 이행하지 않아도 무방했다.

하지만 2001년 3월 병역법 시행령이 개정되면서 외국 영주권자라도 '국내 체류기간이 1년 중 60일이 넘고 공연, 방송, 영화 출연, 경기 참가 등으로 돈을 벌 경우' 병역의무를 부과할 수 있게 됐다.

병역법이 개정되기 전까지는 한국 군대와 거의 상관없

던 미국 영주권자인 그가 새 병역법 시행의 시범 케이스, 아니 먹잇감이 되고 말았다. 한국에서 군대를 가느냐, 가수 활동을 그만두고 다시 미국으로 가느냐의 갈림길에 선 그를, 기자들이 쫓아다니며 덫을 놓기 시작했다.

기레기들의 입장에서는 그가 좋은 먹잇감이기도 하고, 잘하면 특종 기사도 되고, 돈벌이도 되었기 때문이다. 모 기자는 스토커처럼 따라다니며 기습적으로 군대를 갈지 말지를 물은 질문에, 그는 당연히 군대에 가겠다고 했다. 그는 그즈음 2001년 10월에 군 신체검사에서 허리디스크로 공익복무요원 판정을 받았는데, 이것도 병역기피의 화근이 되고 말았다.

병역법이 바뀌면서 언론은 흥미로운 기사거리가 필요했는데, 그게 바로 유승준이 되었다.

신체 건장한 유명 스타가 군대 간다고 공언했다가 어느 날 갑자기 공익요원으로 판정받았고, 그것도 모자라 미국 시민권을 얻어 병역을 면탈하는, 이런 스토리는 언론의 넉넉한 돈벌이 기사거리가 되기 충분했다.

돈 많고 **빽** 있고 힘 있는 사람의 자식, 고위층 자식들에게는 없는 질병도 만들어 군 면제를 앞장서서 시켜주는 병무청이 유승준만큼은 수십 년을 걸쳐 입국 금지 요청했다. 법무부에서 입국 금지를 받아들였고, 유승준은 입국 허용 등의 소송을 냈지만, 고무줄 판결의 대명사 대한민국법원은 20여 년째 그를 한국 땅을 밟을 수 없게 했다.

이미 언론에서 국민대표 병역기피자, 국민 역적으로 낙인찍어 놓은 유승준을 병무청이나 법무부, 법원 등의 대한민국 공무원이 굳이 나서서 자신의 철밥통에 무리까지 두며, 유승준을 두둔할 이유도 필요도 없는 노릇이다. 병무관계자들은 유승준이라는 그럴싸한 방패막이를 둬야 병무의 강직성과 공정성을 대외적으로 알릴 수 있다고 여기고, 모델로 삼는 듯하다.

유승준의 병역기피 문제는 일개인의 일이 아니고, 대한민국의 일부 병역대상자들을 반추할 수 있는 본보기이다. 한국사회의 많이 가진 몰지각한 자들의 사고방식은 병역을 면제받을 검은 손과 연결하려고 브로커를 찾아서 언제든 이용하는 것이 맞다고 생각한다. 굳이 아무 이득도 없는 군대 가서 시간낭비, 인생허비, 개고생을 할 필요가 없다는 것이 그들의 합당한 생각인 것이다.

조선시대에도 군역을 피하려는 작태는 그리 낯설지 않은 일상이었다. 실록 광해군일기 중 군역 면탈의 한 대목을 보면 아래와 같다.

『광해군일기[중초본] 125권, 광해 10년 3월 1일 경신 1618년 명 만력(萬曆) 46년
우부승지 박정길이 군역의 폐단에 대해 계사하다

우부승지 박정길(朴鼎吉)이 아뢰기를,

"신이 삼가 영건 도감(營建都監)의 공사를 보건대, 바로 봉산(鳳山)에 거주하는 전 만호(萬戶) 김대회(金大淮)의 상소와 관련하여 회계한 일이었습니다. 김대회가 어떤 사람인지도 모르겠고, 그가 상소한 말 또한 하나하나 쓸 만한 것은 못 되었습니다만, 그 가운데 '정군(正軍)에 충정(充定)되어야 할 자가 군역(軍役)을 모면할 목적으로 청탁하며 빠져 나가려고 꾀한다.'는 등의 말은 그야말로 오늘날의 폐단을 맞춘 것이기에 신이 이를 인하여 추론(推論)해 볼까 합니다.

우리나라 사람들은 속임수가 많은 데다가 군적(軍籍)이 불분명한 탓으로 양민이 군역을 빠져나가는 폐단이 난리를 치른 뒤로 극에 이르렀습니다. 우선 한두 가지 일을 거론하여 말씀드리겠습니다. 선대 조정에서는 벌열(閥閱) 자제들도 반드시 소속되는 곳이 있게 하였는데, 선조(先祖)의 훈공(勳功)이 있는 자는 충순위(忠順衛)에 소속되고, 문(文)을 닦는 자는 사학(四學)에 들어갔으며, 무(武)를 닦는 자는 실역(實役)이 있지 않을 경우 과거에 응시할 때 반드시 보인(保人)으로 칭하게 하였으니, 그렇게 법을 제정했던 본래의 의도를 이에 의거해서 알 수 있습니다.

그런데 지금은 서얼 출신 자손들도 도대체 군역이라는 것이 없고, 심지어는 사족(士族)의 집안에서 군역을 치르지 않는 평민을 비호하고 있는 경우도 비일비재하며, 향사당(鄕射堂)이나 서원(書院)·향교(鄕校)에 투입(投入)하는 자들이 어디고 없는 데가 없는데 양남(兩南)이 더욱 심합니다. 그런가 하면 문이나 무를 닦지도 않고 양민이든 천민이든 신분에 상관없이 온갖 방법을 동원하여 청탁을 하여 훈도(訓導)의 차첩(差帖:**사령장**辭令狀:**관직의 임명, 해임문서**)을 불법으로 받아내고는 입사(入仕)하지 않는 경우도 있습니다.

...하략"』

조선의 위정자들은 국가의 위기가 닥치면 우리의 형세가 그리하니 외세가 지켜줄 것이라 확신했다. 백성은 백성대로 외세가 지켜주니 굳이 자신이 힘든 군역을 할 필요가 있느냐는 의타적 심리가 지배적이다. 조선시대나 지금이나 병역을 모면하려는 작태는 전혀 바뀌지 않고 있다. 이런 변화 없는 사고 관념은 사대를 부끄러워하지 않고, 자주국방을 글귀로만 적어 놓게 된다.

03. 뇌물

사람마다 성향이 조금씩 다르기는 하지만, 대부분 공짜를 좋아한다. '공짜라고 하면 양잿물도 마신다'는 속담이 있을 정도이니 말이다. 속담 중 양(洋)잿물은 옛 시절 비누대용으로 사용하던 잿물에 서구 열강이 한반도를 들락거릴 때 유입된 수산화나트륨을 첨가해서 만든 세제의 일종으로 알려져 있다. 그러니 위 속어는 1900년대 전후 사용되기 시작한 것으로 추정할 수 있다.

예나 지금이나 공짜라면 귀가 솔깃한 것은 어쩔 수 없다. 하지만 세상에는 진짜 공짜는 없고, 늘 대가가 뒤따르기 마련이다. 어떤 공짜는 낚시 미끼와 같아서 잘못 물었다가는 낚이기 십상이다. 가끔 물고기도 미끼를 먹었는데 바늘에 걸리지 않는 경우가 있듯 인간사회에서도 공짜를, 뇌물을 받아먹어도 아무 탈 없이 잘 살아가는 사람들도 허다하다.

　뇌물이 본업보다 더 짭짤하여 호화생활을 누리는 사람들 또한 넘쳐난다. 뇌물과 가까이 있으려면 해당 사안에 관해 앞으로든 뒤로든 결정권이 있거나 영향력이 있어야만 가능하다.

　뇌물은 인간사회에서 불리를 유리하도록 만들 때 자주 사용하는 금품의 일종이다. 부패한 사회일수록 뇌물은 절대 빠질 수 없는 필수요건 중 하나이다. 흔히 선물은 감사와 온정의 표시로 앞에서 주는 것이라면, 뇌물은 목적 달성, 사건 해결을 위해 뒤로 주는 것이라고 한다.

　선진사회의 척도는 청렴도를 우선으로 꼽기도 한다. 선진사회라고 하면 공직사회에서만이 아니라 시민사회에서도 뇌물에 속하는 금품 거래와 무관해야만 한다. 뇌물 흔히 뒷돈을 받는 사람은 돈이 없거나 가난해서 받는 것이 아니다. 돈 없고 가난한 사람에게는 뇌물을 줄 사람도 없을 뿐더러, 뇌물이 아니라 구호이고 적선이 된다.

　조선시대 서애 유성룡은 임진왜란 발발 전, 권율과 이순신을 천거했고, 징비록 등 많은 문헌을 남겼으며 영의정까지 역임했다. 조선왕조실록에서 임진왜란 당시 유성룡 본인이 뇌물의 폐단을 언급하기도 했지만, 되레 그도 수뢰 당사자가 된 내용을 각각 살펴보면 다음과 같다.

　『선조실록 43권, 선조 26년 10월 22일, 1593년 명 만력(萬曆) 21년, 임금이 편전에 나아가 대신들과 함께 왜적에 대한 대책 등을 논의하다.

상(**임금**)이 편전(便殿)에 나아가 대신들에게 이르기를,

"왜적들이 이처럼 주둔하고 있으니 어떻게 해야 하겠는가?"

하니, 풍원 부원군(豊原府院君) 유성룡(柳成龍)이 아뢰기를,

"왜적이 강화(講和)를 핑계로 변방 고을에 주둔해 있으면서 여전히 약탈을 하고 있으니, 우리나라가 진실로 그들의 술책에 빠진 것입니다.

… 중략 …

군사를 조발하는 등의 일에 있어서는 각 고을들이 오로지 하리(下吏)들에게만 맡기고 있으므로 강장(**강건하고 건장**)한 자는 '뇌물'을 주어 면하고 쇠약한 자만 뽑습니다. 이번에는 노약(老弱)은 제외하고 정예(精銳)만 뽑아 3등급으로 나누어 부책(簿冊)을 만들고, 그 임시에 조발하여 압령(押領)하고 가서 교부(交付)하게 한다면 일시에 이르게 되어 전처럼 혼잡해지는 폐단이 없을 것입니다."』

유성룡은 임진왜란으로 국운이 풍전등화임에도 돈 있고 건장한 자들은 뇌물로 병역을 기피하고, 관리들마저 방관

하는 당시 상황을 개탄하며 사실과 같이 아뢨다.

앞서 '군역편'에서 이미 기술했듯이 이 땅의 많은 사람은 조선시대나 지금이나 국가수호를 반드시 내가, 우리가, 우리민족이 해내야 한다는 성향이 상당히 약하다.

많은 이 땅의 사람들은 평시, 전시를 막론하고 뇌물로 자신의 안위만 챙기면 되지, 국가의 보위는 남의 일처럼 간주하기를 부끄럽게 생각하지 않는다. 이는 극단적 비약이 아니라 역사상 1천여 차례의 외침을 당해온 엄연한 사실이 증명하는 것이다.

임진왜란은 명나라의 주도적 참전과 전쟁 당사자 토요토미 히데요시가 1598년 9월 사망하면서, 왜군이 전원 철수하는 1598년 11월 말경 끝이 난다. 전란이 끝난 조선의 조정에서는 전쟁의 공과, 권력장악 등등을 두고 다시 사색당쟁과 모함, 이전투구가 어김없이 난무하게 된다. 그리고 유성룡은 도리어 자신이 뇌물로 인해 곤궁에 빠지게 되는 사건이 발생한다.

『선조실록 106권, 선조 31년 11월 16일 정유 1598년 명 만력(萬曆) 26년 사간원(**임금에게 간(諫)하는 일을 맡아 하는 관아**)이 유성룡을 탄핵하다.

사간원이 아뢰기를,

"풍원 부원군(豊原府院君) 유성룡은 간사한 자질에다 간교한 지혜로 명성과 벼슬을 도둑질하여 사람을 해쳐도 사람들이 알지 못하고 세상을 속여도 세상이 깨닫지 못하였으니, 이것이 그 평생의 심술입니다. 정권을 잡은 이래로 붕당을 결성하여 국사를 그르치고 사사로이 행하여 백성을 괴롭힌 죄는 한 두 가지가 아닙니다.

… 중략 …

왜적과 같은 하늘 아래에서 함께 살 수 없는 것은 어린 아이들도 모두 아는 일인데 성룡은 대신으로서 맨 먼저 화친을 주장하고 호택(胡澤:**임진왜란 당시 명의 강화교섭 인물**)이 나왔을 때에 기미책(羈縻策:**중국왕조의 주변국 간접통치 정책**)을 힘써 주장하여 드디어 심유경(沈惟敬:**임진왜란 당시 명의 강화교섭 인물**)과 서로 표리(表裏:**결과 속, 동지가 됨**)가 되었습니다.

… 중략 …

성룡은 어쩌면 그렇게도 자기를 위하는 계책에는 성실하고 국가를 위하는 계책에는 성실하지 못하단 말입니까. 관작을 멋대로 남발하여 선심을 쓰고 은혜를 갚기도 하였으며 자기의 심복들을 내외에 포진시켰습니다.

… 중략 …

'뇌물'과 선물꾸러미가 남모르게 오가니 비루한 일은 말을 하자면 지극히 추할 뿐입니다.

··· 하략···"』

　권력의 정점에 있을 때는 뇌물을 아무리 많이 받아도 드러나지도 않고 들춰내지도 못한다. 그 권력이 점차 새어 나가고, 정적들에게 둘러싸이면 과거 주고받았던 뇌물이 드러나기도 하고, 선물도 뇌물로 둔갑하기도 하고, 호의가 비수로 되돌아오는 것이 더러운 인간 세상의 이치이다.

　뇌물은 권력구조에서만 거래되는 것은 절대 아니다. 한국사회 전반에서 여러 유형의 뇌물이 존재하고 있고, 누구든 직간접적 당사자가 될 수 있다. 과거 선거철이면 뇌물에 해당되는 돈봉투나 물품을 주고받으며 매표 행위를 일삼던 시절이 있었다. 지금은 시대도 변하고, 선거법도 강화되어 매표 행위가 사라졌지만, 그 원류는 암암리에 서식하고 있다.

　투명하지 않은 사회구조에서는 각계각층에서 당연한 듯 뇌물이 생동감 있게 활동하고 있다. 그 어느 기관보다 청렴이 요구되는 교육계에서도 국가의 백년대계를 표방하는 입에 발린 구호와 달리, 비리와 뇌물의 등장은 필수 항목이 되고 있다. 특히 사학재단은 정도가 지나치기도 하다. 그렇다고 해서 국공립학교에서는 어두운 면이 전혀 존재하지 않는다는 것 또한 절대 아니다. 단지 사학재단이 뇌물, 비리 규모가 크고, 추하고 고질적이기에 사회 문제가 되는 것이다. 그리고 사학재단 당사자들은 그런 사안들이 전혀 문제 될 것이 없다고 여기는 것이다.

교육사업은 무엇보다도 명분이 그럴싸하다. 교육을 통해 국가의 장래를 책임질 인재를 양성하고, 국가 발전에 기여할 수 있는 토대를 마련할 수 있다는 등을 내세우면 사회적 지위, 명예도 있고, 멋있어 보이기도 하다. 대부분 사학재단의 시작은 이런 뻔한 이야기로 시작된다. 따지고 보면 교육사업도 돈벌이 장사에 불과할 뿐 그 이상도 이하도 아니다. 사립학교의 설립은 신청서 한 장을 교육계 담당자에게 제출한다고 바로 승인이 확정되어, 학교를 짓고 개교할 수 있는 일이 아님은 누구나 아는 일이다.

돈 되고, 목 좋은 곳에 대규모 아파트를 건설하려고 해도 온갖 뇌물들이 쏟아지는 것이 한국사회의 현실이다. 이런 사회구조에서 사업이 영구적으로 보장받는 사립학교 설립 추진에 있어서는 수많은 인맥과 뇌물이 오가는 것은 너무도 당연한 일이다.

돈으로 시작된 사학재단은 여러 풍파를 견디기 위해서는 뇌물을 통해 인맥을 철저히 관리하는 것은 기본이 된다. 언론에서 방송 소재로 한두 번 사학재단의 비리를 다루면 바람막이가 필요하기에 든든한 인맥과 끈끈한 연을 유지하는 것 또한 기본이 된다. 간혹 사학재단의 비리가 언론에 노출되면 오히려 해당 학교가 유명세를 타는 기현상이 나타나기도 한다.

　그런 부패, 비리, 뇌물로 가득한 학교를 인지한 소수의 학생과 교직원들이 학교 경영진과 갈등을 빚게 되지만, 늘 재단의 승리로 끝나게 된다. 아니면 갈등을 계속 안고 가기도 한다. 매스컴을 통해 위의 불미스러운 사실들이 만천하에 공개되어도, 해당 학교를 진학하려는 학생들은 늘 문전성시이기에 학교 측의 반성과 개선은 해당 사항이 아니게 된다. 다만 끗발 없는 지방 사립(대)학교는 비리, 부패, 뇌물 등과 무관하게 학령인구 감소와 지방대학의 홀대로 인해 본의와 다르게 강제 폐교되기도 한다.

　사학재단의 암 덩어리를 언론에 단발성으로 공개가 되면, 마치 일본과 정치적으로 민감한 시기, 일본제품 불매운동과 같이 단기간의 관심은 집중될 수 있다. 하지만 그 역효과로 관심 없던 일본제품의 내력을 알게 되는 등의 엉뚱한 홍보의 효과가 나타나기도 한다. 언론에 노출된 사학재단이 대중에게 나쁜 관심보다 학교 홍보의 효과가 더 나타나기도 한다.

　뇌물에 대한 무감각도 지나친 가족이기주의의 한 축에서 비롯되었다고 할 수 있다. 사학재단이 지나친 가족 중심으로 운영되다 보니, 학교 하나를 두고 친인척이 둘러앉아 장사하는 조금 큰 구멍가게 수준이라 할 수 있겠다. 그러니 교수, 교사를 채용할 때는 그럴싸한 명목으로 학교발

전기금이라 하여, 뇌물 수령 후 채용은 어린아이들도 다 아는 사실이 되고 있다. 다시 강조하면 비단 사학재단만 뇌물이 거래되는 것은 결코 아니다. 온갖 돈 되는 알짜배기 일자리나 사업체에서는 뇌물, 비리, 부정 채용 등등이 함께 한다. 뇌물이 오가지 않으면 오히려 서로 어색하고 불편함마저 드는 그들만의 사회에서는 뇌물이 곧 헌금이자 보시로 간주되고 있다.

04. 조세

봉급 생활자들은 조세, 즉 소득세 등을 본인의 의지와 관계없이 급여에서 일괄 공제되니 탈세에 관련한 문제는 거의 생기지 않는다. 하지만 자영업, 개인사업자, 기업인, 유명연예인, 유명운동선수, 고소득자 등 본인들이 소득공제에 직간접적으로 관여할 수 있는 위치라면, 세금에 관하여 단순하고 솔직담백한 심경으로 대하기가 쉽지 않다. 흔히 사람의 욕심은 끝이 없고, 있는 놈이 더 한다고 하듯 돈 앞에서는 있는 놈이 더하고, 깨끗한 마음을 갖기가 쉽지 않다. 액수가 크면 클수록 마음이 흔들리기 쉽고, 추한 행동을 마다하지 않는 사람들도 적지 않다.

언론 등을 통해 세금 탈루의 민낯을 볼 수 있는 사람들은 대부분 유명인사, 대기업, 재벌들만 가능하다. 왜냐하면 탈세 금액이 많더라도 누가 누구인지 모르면 보도의 가치가 없어 언론이 별 관심을 두지 않고, 보도하더라도 당사자가 누구인지 알 수가 없다. 물론 언론에서 탈세 당사자의 정보를 소상하고 집중적, 연속적으로 보도하면 이야기가 달라질 수 있지만 말이다.

대기업, 재벌 등 돈 많은 부유층이 세금 문제로 언론에 오르내리고 검찰 등에서 조사대상자가 되어도 처벌은 이미 정해져 있다. 솜방망이 처벌 그 자체이다. 돈이 많으면 사법당국, 언론 등 사회 각계각층과 복잡하게 얽히고설키게 마련이다. 돈 앞에서는 모두가 순한 양이 되는 것은 진리다. 간혹 예외는 있지만, 아무튼 거액의 탈세를 적발해도, 앞에서는 잡고 뒤에서는 풀어주는 경우가 많은 부분을 차지한다.

세금착취나 탈세 등의 죗값도 뒷배에 따라 달라지는 것은 만천하가 아는 일이고, 이 역시 조선시대나 지금이나 전혀 개선되지 않았다. 광해군 시기 세금에 관한 내용을 보면 다음과 같다.

『광해군일기[중초본] 155권, 광해 12년 8월 23일 무진 1620년 명 만력(萬曆) 48년. 사간원의 원주 목사 신감과 옥과 현감 유황의 탈세 보고를 받다.

사간원이 아뢰기를,

"원주 목사 신감(申鑑)은 품계가 높은 수령으로서 〈지방관으로 임명된 뜻을 생각하지 않고〉, 오직 자신을 살찌우는 데 힘을 써 〈부임한 지 6년 만에〉 경내에서 두 번이나 전장(田庄)을 차지하였습니다. 〈교묘하게 명분없는 세금의 항목을 만들어 제멋대로 백성들의 제물을 거두어들이는 것이 끝이 없어〉 듣는 자들이 너나없이 침을 뱉고 비루하게 여기고 있습니다. 파직하도록 명 하소서.

...하략 "

하니, 천천히 결정하겠다고 답하였다.』

광해군은 원주 목사 신감과 위의 생략한 부분에서 옥과 현감 유황 등 두 관료의 전횡을 보고 받고도 처벌하지 않았다. 조선시대는 신분제 사회이기 때문에 관료들의 연결망은 비교적 좁고 단순하게 얽혀 있다. 자신의 당파를 따지고 뒷배를 들먹이는 것은 현 사회보다 더 심각한 것으로 짐작할 수 있다. 그러므로 처벌 수위도 상황에 따라 대략 정해지기 마련이다.

신감 등의 처벌 결정을 미룬 것은 광해군 본인만 알 일이지만, 광해군을 비롯한 조선왕조와 신감 집안의 군신관계는 오랫동안 이어져 온 것으로 확인된다. 신감(출, 1570년 (선조 2년)~몰, 1631년 (인조 9년))은 증 참판 신세경(申世卿)의 증손으로, 할아버지는 우참찬 신영(申瑛)이고, 아버지는 개성도사 신승서(申承緖)이며, 어머니는 은진 송씨(恩津宋氏)로 송기수(宋麒壽)의 딸이며, 영의정 신흠(申欽)의 형이다.[11]

신감의 아우 신흠은 광해군 즉위년인 1608년에 선조애책문(宣祖哀冊文:**선조의 죽음을 애도하는 글**)을 짓고 한성부판윤·예조판서를 역임하였다. 이듬해 세자의 책봉을 청하는 주청사가 되어 명나라에 다녀왔고 그 공로로 숭정대부(崇政大夫:**종일품 하 문무관**)[12])되었으며, 1627년(인조 5년) 영의정 자리에 오르기도 했다.

이러한 막강한 뒷배를 가진 관료에게는 탈세 정도로는 처벌하지 않는 것이 정석처럼 전해져 올 정도이다. 21세기 현재에도 그 정석은 어김없이 적용되고 있다.

조선시대에는 상공업이 발달하지 않아 권력층과 연줄이 없거나 양반계층이 아닌 일개인은 부를 축적하기가 어려워 탈세의 유혹이 생기기 쉽지 않다. 나아가 백성들은 대부분 소작농으로 생계를 유지하기에, 빈곤하여 탈세할 여력조차 없었다. 그러니 조세에 관한 착취, 비리는 주로 관료로부터 비롯되는 경우가 많았다. 조세 피해자들인 민심의 폭발은 조선 후기 집중적으로 나타나기도 했다. 청일전

---

11) 한국민족문화대백과사전

12) 한국민족문화대백과사전

쟁의 시발점인 동학운동도 농민들에게 과도한 조세 수취, 수탈, 폭압 등이 직접적 원인이 되어 발생한 것을 보면 조선조의 시대상을 알 수 있다.

요즘 시대에 자주 사용하는 진상의 뜻만 보더라도 조선시대 벼슬아치들의 횡포가 어땠는지 짐작할 수 있다. 원래 진상은 관료들이 특산물이나 귀한 물건을 거두어 임금에 바치는 것이라고 한다. 하지만 조선시대에 관료들이 진상이라는 명목으로 온갖 횡포와 수탈을 일삼다 보니, 본 의미가 변질되어 갑질 또는 고약한 짓을 하는 손님을 일컫는 단어가 되고 말았다.

어쨌든 조선시대나 지금이나 공통점은 돈과 연관되는 곳에는 물욕에 눈이 어두워 지극히 개인적으로 부당하게 돈을 끌어모으거나 숨긴다는 것이다. 지금도 많은 돈을 가지고 있으면서 세금을 내지 않고 떵떵거리며 사는 사람들이 대한민국에 늘려 있다.

아주 드물게 TV뉴스에서 방송기자와 세금징수팀이 동행하여 고액체납자의 집을 급습하는 모습을 보도한다. 체납자들은 모두 매우 부자인데다가 뻔뻔한 태도는 기본이고, 돈이 없다고 생떼를 부리거나 목에 핏대를 올리며 세금징수팀을 몰아세우는 볼썽사나운 꼴을 TV를 통해 확인할 수 있다.

고액 체납자들이 이렇게 당당한 것은 국세징수권 소멸

시효법이 있어서 돈 없다고 5년만 버티면 세금을 내지 않아도 되기 때문이다. 모든 고액 체납자가 동일하게 소멸시효가 적용되는 것은 아니지만 대부분은 혜택 아닌 혜택을 받아 고액의 세금을 내지 않고 있다.

국세청의 2023년 12월 14일 보도자료에 따르면 고액 체납자들의 1년 체납액이 3조 4천78억 원으로 집계했다. 고액 체납자 개인 또는 기업의 60% 정도가 서울, 인천, 경기에 거주, 소재하며, 체납액도 위 지역들이 전체 세금 체납액의 60% 정도를 차지하고 있다.[13]

대한민국 질병관리청의 2023년 1년 예산이 3조 원이었는데, 이를 보면 정부 일개 부처의 1년 예산이 넘는 액수가 매년 흔적도 없이 사라지는 꼴이다. 고액 체납자들의 최종 세금 징수율이 4% 정도라고 한다.

세금을 징수하는 권한은 정부 즉 국세청, 세무공무원이 가지고 있다. 매년 수조 원 이상이 납부면제 혜택을 받아 물거품처럼 사라져도, 징수를 못하더라도 세무공무원들에게는 아무런 불이익이 없다. 또한 고액 체납자들을 끝까지 추적하여 세금 완납을 시키더라도 자신에게 돌아오는 것 또한 당연히 없다. 왜냐하면 너무도 당연하듯 세무공무원은 국가의 세금으로 월급을 받고 하는 일이기 때문이다.

---

13) 국세청 보도자료, 2023.12.14

고액 체납자들이 마음 놓고 체납하는 것은 그만큼 믿는 구석이 있기 때문이다. 영원히 무너지지 않는 얽히고설킨 인맥과 든든한 뒷배들이 뒤를 봐주고, 이에 더해 세무공무원들의 무사안일 근무태도, 사고관, 세금업계만의 통용되는 내부구조, 소멸시효 등등이 확고히 자리하며, 뒷받침까지 해주니 굳이 생돈을 헌납할 필요가 없는 것이다.

고액 체납자들에 대한, 허술하고 부당한 혜택 법안이 있는 것을 알고 있는 국회의원들도 때만 되면 한두 번 잘못됨을 지적하곤 한다. 의욕에 찬 지적과 별개로 설령 새 대안의 강력한 조세 관련법을 발의하더라도 입법 통과와는 무관하다. 대개의 국회의원은 직간접적으로 기업을 운영하거나, 혹은 기업인 등 고소득자들과 복잡하게 얽혀 있다.

국회의원 개개인이 어떤 의도와 목표를 가지고 출발했던, 어렵고 힘들게 국회의원직을 얻었는데, 많은 것을 걸고 고액 체납자를 궁지에 모는 법 제정에 동참하기가 쉽지 않다. 혹여 그 일로 본인은 물론 주변인 모두가 협박이나 불이익을 당할 수 있기에, 미리 몸을 사리는 국회의원들이 많을 수밖에 없다.

조선왕조실록에서도 관료의 그릇된 세금 착취 등을 알고도 사적 친분과 지난 공적에 붙잡혀 죄악을 도려내지 못하는 모습을 어렵지 않게 확인되고 있다. 그런 악행의 대물림은 지금도 조금의 변화 없이 이어지고 있다. 부당한 자가 더 당당한 세상이 됨도 크게 나아지지 않고 있다.

05. 남의 돈

　본인의 돈은 아까운 줄 알면서 남의 돈은 쉽게 생각하는 사람들이 꽤 있다. 돈에 눈이 어두워 남의 돈을 탐하는 범법자들이 있는가 하면, 본인의 귀한 돈임에도 남을 위해 아낌없이 퍼주는 사람들도 있다. 인간 세상에서는 돈을 두고 너무도 많은 일이 벌어진다.

　사람의 욕심은 끝이 없지만, 법에 어긋나는 여러 욕심은 자제하고 억제하고 통제할 줄은 알아야 한다. 야생동물이든 가축이든 그 개체의 집단생활을 지켜보면 자기 몫의 먹이를 다 먹은 후에도 남의 먹이까지 빼앗아 먹는 동물들이 간혹 있다. 적지 않은 사람들도 그런 동물과 똑같은 행동을 하기도 한다.

　과한 식탐을 가진, 즉 남의 것을 빼앗는 성격의 동물을 사육하게 되면 몇몇은 비만이 되는 경우가 있다. 이는 먹이를 많이 줬거나 빼앗아 먹은 후 충분한 활동량이 없었기 때문이다. 야생에서는 굶어 죽은 동물은 있어도 비만으로 죽은 동물은 확인이 어렵다.

야생이든 아니든 인간을 포함한 동물계에서는 먹이다툼이 치열하다. 먹이를 두고 자신을 통제하지 못하고 욕심을 부리는 작태는 교육과 훈련, 훈계로도 해결되지 않는 유형의 사람과 동물이 분명히 있다. 이는 대개 유전적이고 타고난 성격이다. 남의 것을 빼앗아 자신의 욕심을 채우는 자는 매우 특별한 계기가 있지 않고는 고치기 힘들고, 습관처럼 반복하게 된다.

조선왕조실록 중 고종과 순종의 실록은 진정한 왕조실록이라고 하지 않는다. 일본제국이 주관하여 기록했기 때문이다. 아무튼 비통한 역사적 사실은 뒤로하고, 고종실록에도 사실을 기반한 기록이 존재하기에 인용하면 다음과 같다.

먼저 언급했듯이 남의 것을 탐하는 자는 습관처럼 반복하게 되어 있다. 150여 년 전의 고종실록에서도 남의 물건을 사취하고 뻔뻔함을 드러내는 관리의 모습이 있다. 지금도 시대와 무관하게 남의 물건을 탐하는 자들은 각계각층, 구석구석에 포진되어 있음은 여전하다. 또한 탐욕에 대한 정당한 죗값을 치르지 않는 것도 마찬가지이다. 어쨌든 각설하고,

『고종실록 3권, 고종 3년 8월 21일 정미 1866년 청 동치(同治) 5년, 용천 전 부사 정우영이 물건을 사취한 것과 관련하여 신문하도록 하다.

평안 감사(平安監司) 박규수(朴珪壽)가 올린 장계(狀啓)에,

"용천 전 부사(龍川前府使) 정우영(鄭友永)은 받아서는 안 될 물건들을 강제로 받는 등 허다한 범법을 이루 헤아릴 수 없이 자행하여, 그 폐해가 온 고을 안에 널리 미쳤고 그로 인한 소요가 아직도 그치지 않고 있습니다. 이와 같이 불법을 자행한 무리들은 그 처벌이 파직에 그쳐서는 안 될 것입니다. 그 죄상을 유사로 하여금 품처하도록 하소서."

하니, 전교하기를,

"이 사람을 수령(守令)으로 둔 것은 스스로 자기 잘못을 새롭게 고치는 길을 열어주기 위한 것인데, 지금 지난날의 나쁜 습성을 고치지 않고 불법을 자행하고 사람들을 위협하여 강제로 거두어들여서 온 고을 안에 그 폐해가 미쳤다. 불쌍한 저 백성들에게 또한 무슨 죄가 있단 말인가? 생각하면 통분 서럽기 그지없으니 차라리 더 말하고 싶지 않다. 전 부사 정우영을 우선 잡아다 남간옥(南間獄)에 가두고 일일이 구두로 공초(**조선시대 죄인이 범죄사실을 진**

술하는 일)를 받아서 들이도록 하라."

하였다.』

위 고종에게 장계를 올린 박규수는, 청나라 북경, 열하
(**하북성 승덕시에 있는 청 황제의 피서별궁**), 만주 등을
기행하며 보고, 듣고, 느낀 내용을 기록한 '열하일기' 저자
연암 박지원의 손자이다.

박규수의 장계 3일 후에는, 의금부에서도 정우영에 대
한 계를 올린다.

『고종실록 3권, 고종 3년 8월 23일 기유. 1866년 청 동
치(同治) 5년, 용천 전 부사 정우영을 형장을 쳐서 향리로
방축하다.

의금부(義禁府)에서 아뢰기를,

"용천 전 부사(龍川前府使) 정우영(鄭友永)이 원정(原情)
에서, '저는 애초에 관계한 바가 없으므로 지적하여 고할
것이 없다.'고 하면서 자기가 범한 여러 가지 죄를 얼버무
리고 솔직히 진술할 생각이 없습니다. 평문(平問)하는 것
으로는 자복을 받기 어려울 것 같으니, 형추(刑推)하여 진
상을 밝혀내도록 하소서."

하니, 전교하기를,

"백성들이 지금까지도 울분에 차 있고 감사도 추후에 죄를 따진 것은 실로 탐오한 그의 죄를 덮어둘 수 없기 때문인데, 죄인이 공초에서 자신의 무죄를 변명한 것은 진실로 괘씸한 일이다. 하지만 그가 비록 나라의 은혜를 저버렸다고 하더라도 또한 참작하여 처리할 것이 없지 않으니 죄인 정우영(鄭友永)에게 특별히 사형을 면해주도록 하고, 금오 당상(金吾堂上)이 네거리에서 개좌(開坐)하여 백관을 반열에 따라 세운 다음 그 앞에서 엄하게 한 차례 형신을 가한 후에 향리로 방축하도록 하라."

하였다.』

범죄자들의 기본 행태는 자신이 저지른 범죄에 대한 부인이다. 자신의 범죄행위를 바로 인정하는 범죄자는 다른 목적이 있거나 매우 특별한 경우일 것이다. 범죄의 행위는 항상 나쁘게 진화하고 발전하기 마련이다.

범죄자는 자신의 범죄행위에 무감각해지고, 당위성마저 설정하게 된다. 잘못된 자신의 의식 속에서 웬만한 범죄는 범죄라고 생각하지 않게 되고, 자신을 한편으로는 다독거리고 다른 한편으로는 부추기기도 한다. 행여 본인의 범죄가 발각되면 범죄의 원인을 자신에게 찾는 것이 아니라 사회와 주변 환경을 탓하고, 끌어들이게 된다. 본인보다 더 흉악범이 있다는 것을 들먹이고, 처벌의 공정성을 따지며, 단지 본인이 재수가 없어 잡혔다고 자책하거나 억울함을 호소하기도 한다. 범죄적 성향이 있는 사람들은 이런 뻔뻔함이 타고나기도 하고, 자신도 몰랐던 모르쇠가 찾아지기도 한다.

위 150여 년 전의 용천 전 부사 정우영도 당연한 귀결처럼 지금 시대의 부패한 공직자처럼 무죄를 주장했지만, 끝내 벼슬이 박탈되고 고향으로 쫓겨났다. 하지만 그는 자신의 신분과 권력을 이용하여 백성의 재물을 상습적으로 사취한 범죄에 비해 매우 관대한 처벌을 받은 셈이다.

시대가 아무리 바뀌어도 죄에 대한 처벌의 수위가 전혀 일관성이 없음을 위 사건에서도 거듭 확인이 된다. 남의 돈, 남의 물건을 탐하고도 처벌이 제대로 이루어지지 않음을 인식하면 범죄를 가볍게 여기기 마련이다. 현 한국사회에서도 여전히 일반인이나 공직자들도 남의 돈을 사취한 후 혹여 그들 생각에, 매우 재수가 없어서 들통나더라도 연줄만 잘 대면 죄가 성립되지 않는다는 전통과 악폐가 뿌리 깊이 자리하고 있다.

현 시대와 조선시대 모두 법 집행에 관해서는, 특히 공직사회에서는 확연히 온정주의, 제 식구 감싸기가 관행처럼, 아니 숭고한 전통처럼 전승되고 있다. 위의 부패한 용천 전 부사 정우영의 사건을 두고도 고종이 이르기를 공적을 참작해서 '특별히 사형을 면해주도록 하고...' 귀향

조치하며 온정적 처벌로 마무리한다.

온정적 관행은 법의 권위와 강제성을 약화시키고 재범을 양산하게 하고, 법을 경시하는 현상과 법망을 모면하는 술수가 되고, 교범이 되어 학습하게 만든다. 이러다 보니 일부 공직사회에서는 남의 돈을 가볍게 여기는 현상이 도를 넘게 된다. 물론 한국의 시민사회에서도 남의 돈을 사취하거나 사기 범죄가 심각한 수준이어서 OECD(경제협력개발기구) 38개 국가 중에서도 최상위권에 속한다.

일각에서는 사기 유형과 집계 방식에 따라서 사기범죄 통계가 달라질 수 있는데, 사소한 건수까지 합친 것만으로 한국이 사기범죄율이 높다는 것은 비합리적이라고 하는 주장도 있다. 집계 방식이야 어떻든 애초 사기범죄 자체가 없으면 그런 불명예스러운 순위에 들지도 않을 것이다.

집계방식을 탓하기에 앞서 사기범죄 발생의 근본적 대안을 마련하고, 강력한 처벌과 재발 방지대책에 힘을 쏟는 일이 더 나을 듯하다. 정부든 지자체든 본인의 돈이 아닌, 세금이라는 남의 돈으로 아낌없이 낭비하여도 특별한 제재 수단이 없으니, 그들에게는 더 없는 좋은 직장, 좋은 나라인 셈이다.

4. 분열

01. 기레기

'기레기'는 2000년대부터 언급되기 시작한 기자+쓰레기를 합한, 기자들의 작태를 비꼬는 말로 정착되었다.

2017년 3월 15일 박근혜 탄핵의 상황을 당시 BBC 방송에서 부산대 교수 로버트 켈리와의 생방송 영상인터뷰가 진행됐다. 그 와중 갑자기 4살 딸아이가 돌발적으로 등장했고, 이어서 보행기를 탄 아기도 따라서 화면에 나타났다. 그 뒤를 이어 한 여성이 황급히 두 아이를 끌고 나가는 장면이 BBC 방송에서 생방송으로 송출되었다.

당시 대한민국 대통령이 탄핵 된 보도 내용보다, 오히려 이 영상이 전 세계적으로 폭발적 화제가 되었다. 한국의 많은 언론에서도 이 BBC 방송 장면을 주요 뉴스 시간에 보도했다. 당시 한국의 KBS 등의 뉴스매체에서는 아이를 황급히 데리고 나간 여성을, 동양인이며 바로 '보모' '도우미'라고 확정지어 보도했다.

KBS 등 한국의 거의 모든 매체가 '보모', '도우미'로 칭한 그 여성은 BBC와 인터뷰한 부산대 교수 로버트 켈리의 부인이자 그 두 아이의 생모, 친엄마였다. 부산대학교는 누구나 알 수 있는 대한민국 부산에 있는 국립대학교이다. 무허가 학교도 아니고, 학생 수가 모자라는 폐교 직전의 대학교도 아니다. 인터넷이 대중화된 수십 년 전부터 모든 대학의 정보는 전 세계 어디에서든 누구나 검색을 통해 교수, 교직원과의 업무적 연락이 가능한 구조로 되어 있다. 정상적인 모든 대학교가 그러하다.

세계적인 언론매체인 BBC가 당시 대한민국의 매우 민감한 정치 상황에 대해 인터뷰할 정도라면 부산대 로버트 켈리 교수의 공신력도 상당하다는 방증이다.

그런데 대한민국의 수많은 언론이 그 돌발적 웃긴 장면을 송출할 결론을 지었다면, 먼저 BBC와 영상 인터뷰한 당사자가 누구이고, 그 여성이 누구인지 확인이 우선이고, 당연한 순서였다. 단지 재미있는 장면이 있어, 깔깔거리며 방송으로 내보낸 얼마 후 인터뷰 당사자가 대한민국 부산대학교의 미국인 출신 교수임을 뒤늦게 알게 되었다. 또한 대한민국 거의 모든 언론이 보모, 도우미로 칭한 그 여성은 그 교수의 부인이자 아이들의 친모라는 사실도 다른 경로를 통해 밝혀졌다.

BBC 방송이 대한민국의 부산에 거주하는 부산대 교수와 인터뷰 중, 예기치 못한 방송사고를 낸 일을 대한민국 언론은 자초지종 사실 확인조차 하지 않았다. 그저 웃긴 장면을 내보내 시청률 장사에 이용한 것이다. 서양인은 교수이고, 동양인은 보모, 도우미로 천대하는 것이 대한민국의 언론 수준이다. 한국 언론사들의 개념대로라면 한국인 여성은 모두 서양인 남자의 보모나 도우미만 해야 한다는 결론이 나온다.

위 사실 여부는 전화 한 통이면 되는 일인데도, 대한민국의 언론, 기자들은 사실 확인에 무감각하다. 이와 같은 쓰레기 같은 언론 수준이 반복되고 일상이 되다 보니, 기자쓰레기, 기레기라는 신종 용어가 존재하게 된 것이다.

켈리의 한국인 부인을 보모, 도우미로 보도한 다음 날, 대한민국의 거의 모든 매체는 앞다투어 보모, 도우미라는 말을 언제 했냐는 듯 아이들 엄마, 켈리 교수의 부인이라며 다시 보도했다. 왜냐하면 그 영상은 하루 이틀 사이 전 세계적으로 톱뉴스가 되었고, 켈리 교수와 가족은 벼락 스타덤에 올랐기 때문이다. 그리고 기레기들의 보모, 도우미 지칭에 대한 오보의 사과는 그 어디에도 전파를 타지 않았다.

어떤 대한민국의 방송사에서는, 그들에게는 서울에서 너무 멀리 떨어져 있는 부산까지 직접 가서 로버트 켈리 교수와 보모, 도우미가 아닌 한국인 부인과 아이들을 인터뷰했다. 간단히 말해서 기왕 이렇게 된 김에 시청률 장사를 더 하자는 것이었다. 만약 로버트 켈리 교수가 백인의 미국인이 아니고, 흑인이나 동남아 국가, 다시 말해 개발도상국 사람이었다면 언론사들은 '너희들 TV출연 시켜 줄테니 서울 수도권의 방송국으로 직접 와서 당시 상황을 설명해 봐'라고 거들먹거렸을 것이다. 그래야만 방송사 측에서는 쓸데없는 경비지출과 몸을 움직여야 하는 귀찮은 출장도 가지 않아도 되니까 말이다.

대개 사람들은 완장을 차게 되면 거들먹거리거나 갑질하는 것에 쉽게 빠질 수 있다. 철모르던 어린 시절에도 교내에서 완장을 차게 되면 어깨 힘이 들어가고, 목에 깁스하는 아이들을 종종 보게 된다. 선천적으로 겸손하거나 근원적으로 착한 마음의 소유자 외에는 완장의 헛된 위력을 확인하려는 사람들이 적지 않다. 이는 나이, 직업, 지위고하, 남녀노소를 불문한다.

소액의 물건 하나 구매하더라도 가게 종업원 또는 주인

에게 진상 짓하는 사람이 있는가 하면, 잘잘못은 뒤로 하고 손님에게 막 대하는 막장 종업원, 주인들도 있다. 막장 주인의 숫자가 진상 손님보다 훨씬 적지만, 대개 막장 주인의 장사 수명이 길지가 못하거나 힘겹게 이어가는 경우가 많다.

아무튼, 언론사 기자들의 오보, 오만불손은 결코 근래에 나타난 일도 아니고 한국에서만 있는 일은 더더욱 아니다. 그렇다고 해서 좋지 않은 일들을 굳이 외국의 나쁜 사례를 들먹이며 핑계거리로 삼을 필요도 없다.

한국 언론의 시작을 되짚으면, 1883년에 창간한 한성순보를 최초 근대 신문이라고 한다. 사실 위 신문은 자금만 조선 정부에서 지원했을 뿐, 발간에 있어서 가장 중요한 기술과 편집 등은 일본이 주관했다. 허울만 최초이었지, 이도 근대 일본의 침략야욕 중 일환에 지나지 않았다.

1919년 삼일운동 이후 일본제국은 식민지 조선을 무단통치에서 문화통치로 전환하면서, 새롭게 여러 신문사 설립을 독려 및 주도했다. 그때 창간된 다수의 신문사 중 조선일보와 동아일보는 여전히 명맥을 이어가며 현재 대한민국에서 가장 친일적이고, 보수이념을 표방하고 있어, 보수층에게 막대한 영향력을 끼치고 있기도 하다. 일본제국이 주도해서 창간한 신문들이 변함없이 한국에서 일본을 추종하는 행태를 하고 있느니, 일본 입장에서는 흐뭇하기도 하고 당연한 귀결이라고 생각할 수 있을 것이다.

기자의 행태나 기사의 주도권은 종이신문의 선두 주자 조선, 동아 등의 기자들이 좌지우지한다고 방송사 기자나 신문사 기자들은 얘기한다. 물론 지금은 보수 신문사들이 방송사까지 차린 지 십수 년이 되고 있으니, 더 말할 나위가 없다.

위의 상황을 인지하려면 기자들의 연결망을 보면 확인이 된다. 기자들은 각자의 언론사에 속해 있지만, 한국기자협회, 한국신문협회, 한국신문방송편집인협회 등의 회원이기도 하다. 그중 한국기자협회는 법인단체가 아니지만, 가장 많은 기자가 가입해 있는 직능단체로 알려져 있다. 역대 협회장은 보수신문 기자 출신이 가장 많았다. 한국의 언론사가 대부분 보수 편향적이고, 규모도 보수 언론이 막대하니 확률적으로 봐도 위는 당연한 결과이다.

이런 기자들의 연결고리에서 기자 개인의 독립된 목소리를 내기에는 한계가 있다. 각 언론사의 기조가 다르긴 하지만, 대부분 전 세계에서 이미 폐기 처분한 낡고, 버려진 냉전 이념에 집착하고, 이용하며 보수편향을 추구한다. 거기에 더해 정론 보도보다 이윤추구를 우선하고, 사실확인보다 여론몰이를 즐긴다.

한국기자협회(1964년 창립)에서 1989년 5월에 제정한 기자윤리강령 10항 가운데 첫 번째는 "우리는 권력과 금력 등 언론의 자유를 위협하는 내·외부의 개인 또는 집단의 어떤 부당한 간섭이나 압력도 단호히 배격한다.

그리고 두 번째는 우리는 뉴스를 보도함에 있어서 진실을 존중하며 정확한 정보만을 취사선택하며 엄정한 객관성을 유지한다."[14) 등이 있다.

위의 강령을 보면 진실된 뉴스를 보도하는 것에는 항상 권력과 돈에서 자유롭지 못하다는 현실을 토로한 것이다. 그러니 언론사 기레기들은 보도내용을 빌미로 권력과 돈을 놓고, 흥정도 할 수 있고, 협박도 할 수 있는 막강한 위력을 가지고 있는 제3의 권력층인 것이다.

1987년 민주항쟁 이후 군사독재정권이 표면적으로 사라지면서, 언론사들은 더 이상 정부의 눈치를 보며, 굴종하지 않아도 되는 시대가 되었다. 군사독재정권 때까지는 보도 내용을 정부 기관으로부터 검열을 받아야 했으니, 언론사의 책임은 다소 비켜 갈 수 있었다.

하지만 완전하지 않지만, 민주화 물결이 일어나면서 언론사들은 생존전략, 또는 영업전략을 각자 새롭게 세웠다. 군사독재 시절에는 정부 기관이 신문 기사를 검열했지만, 이제 독자가 판단하고 검열하는 시대로 변해 독자의 의도를 간파하고, 따르게 해야만 계속 건재하게 된 것이다.

---

14) 한국기자협회 블로그.

보수 신문사들은 보수 정당과 합세하여 존재하지 않는 '빨갱이'를 만들어 특정 집단, 정치인, 개인에게 덮어 세우며 이념팔이를 자주 해댄다. 현재 국제사회에서는 존재하지 않는 이념팔이가 유독 대한민국에서는 그 열기가 식지 않고 있다. 인터넷 등이 지나칠 정도로 발달 된 요즘은 종이신문이나 방송매체를 통한 뉴스 구독과 시청이 예전만 못하다. 그러니 인터넷을 통한 자극적인 기사 제목을 달아 조회 수를 늘리는 방식으로 장사를 한다. 이제 기사의 진실 여부는 구독자가 밝혀내는 세상이 되었다.

뉴스에 관심있는 계층은 주로 중·장·노년의 남성들이며, 정치분야에는 더더욱 그렇다. 인터넷에 익숙하지 않은 노년층은 보도의 사실관계를 확인하지 않고 자신이 원하는 내용을 그대로 믿고 인지하고 판단한다. 가짜뉴스라도 퍼트려 이슈가 되기를 바라는 기레기들의 의도와 딱 맞아떨어지는 완벽한 구조가 되어 버렸다.

기레기들의 최대 피해자는 당연히 선량한 시민들이다. 뉴스를 관심있게 보지 않더라도 의도치 않게 볼 수 있고, 알 수 있게 되는, 나쁜 소식들이 더러 있다. 언론에서 가짜뉴스를 생산하지 않기만 해도, 불필요한 사회적 비용과 혼란, 갈등, 분노 등을 사전에 막을 수 있거나 발생하지 않게 하는 경우가 적지 않다.

기레기들이 난무하는 근본 원인은 가짜뉴스를 보도해도

처벌할 법적 근거가 매우 부실하고, 약하다는 것에 있다. 그 부실한 법을 제정한 것도 대한민국 국회이니 참 난감하기만 하다. 사회, 산업 전반에 걸쳐 소비자가 기업 등으로부터 손해를 입었을 때, 가해자 등에게 고소, 고발하여 배상을 받는 '징벌적 손해배상제'가 있기는 하다. 현실적으로 엄격히 지켜지지는 않지만 말이다.

법의 잣대는 대부분 돈 많고, 힘 있는 쪽의 편을 드는 것이 통례이니 피해자가 제대로 된 보상과 배상을 받기는 어려운 게 현실이다. 일례로 2012년 시작된 가습기 살균제 피해자 소송 문제가 10년이 넘는 2024년 2월 어정쩡한 돈 몇 푼의 국가배상금으로 판결이 마무리된 것을 보면 알 수 있다.

가짜뉴스에 대한 징벌적 손해배상을 매우 엄중하게 처벌할 수 있는 법적 근거를 마련하려고 2021년 시도한 적 있다. 하지만 의도이든 아니든 가짜뉴스 생산 당사자인 언론집단에서 위 법안 제정은 언론 자유를 침해한다는 등의 이유를 내세워 단체행동으로 법안 발의자와 국회를 압박 또는 협박하였다. 기레기들의 단체행동의 위력은 바로 나타났고, 이전과 같이 아주 경미하고 무의미한 징벌적 손해배상 조항이 그대로 유지되었다.

기존의 법 조항도 판·검사의 재량에 따라 가급적 가해자가 손해가지 않도록 조정이 가능하여, 실제 그렇게 하는 것이 다반사이고 상례이다. 한국사회에 기레기가 존재하는 것이 기자들의 단독행동으로 이루어지는 것은 아니다. 기자집단은 정치인, 판·검사, 변호사, 경찰, 기업인 등과 피보다 진한 인맥으로 맺어진 막역한 관계이기에 상호 위기 발생 시 적극 협력체제를 가동, 위기를 극복한다.

돈 되는, 알짜배기 대규모 건설 사업, 일례로 대장동 사건에서도 전·현직의 기자, 판검사, 정치인, 경찰, 기업인이 필수적으로 가세했다. 비리 등이 내부 갈등으로 언론에 대서특필되지 않으면 아무 탈 없이 각자 큰돈 챙기는 것이다. 만약 시끄러워지면 잠시 상호 간 이전투구하다가 원상복귀하면 되는 것이다. 서로 묻어두고 챙겨줄 수 있는 막강한 권한들이 있기에, 절대 떨어질 수 없는 관계이기도 하다.

위와 같은 한국의 언론사회구조에서라면 기레기들은 권력의 주변에서 늘 썩은 냄새 풍기며 지속될 것으로 보인다.

02. 북녘

동서남북 사방위 중 북쪽은 생명의 끝 또는 부정적이고 춥고 빙설이 존재하는 곳을 가리킨다. 이와 같은 의미는 당연히 중국의 음양오행, 고전 등에서 비롯되었다. 한국에서 북이라는 단어가 좋지 않은 이미지로 굳히게 된 것은, 해방 후 남북분단 때부터 고착되어 갔다.

북한을 연상할 때 공산주의, 적색, 어둡고, 낙후되고, 폐쇄적 이미지가 강하다. 남한에서는 아예 적대국이라고 단정하기도 한다. 그에 더해 북한을 주적(主敵)이라고 해야 사상적으로 건전하고, 의심의 눈초리를 벗어날 수 있는 대상이 되고 말았다. 같은 민족이 강대국들의 놀음에 빠져, 70년 이상 이렇게 철천지 원수가 되어 멸시와 경멸을 해야 정당한 세상이 되고 말았다.

유년 시절에 동족상잔을 직접 겪은 세대들은 이제 모두

노년이 되었다. 지금은 한국전쟁과 북한을 바라보는 시각이 예전과는 당연히 달라지고, 세대마다 다양한 관념을 가지고 있다. 반공과 멸공교육을 철저히 받은 중장년 이상은 아직도 북한에 대한 시각이 썩 좋지는 않다. 그렇다고 해서 젊은 세대들이 북한에 대해 우호적인 것 또한 더더욱 아니며, 남북통일에 관한 관심마저 별로 없다.

정치권에서는 북한을 선거전략, 정치 이벤트로 자주 활용한다. 진보진영은 북한과 비교적 우호적이고, 보수진영은 매우 적대적이다. 위에서 언급한 반공, 멸공교육을 받은 중장년 이상이 북한을 미워하는 것과 중장년층이 보수적 성향을 띠는 것과 일부 일치한다.

보수진영은 북한을 적대적으로 여기지만, 오히려 탈북자들은 환영한다. 탈북한 그들의 조국, 조선민주주의인민공화국 비난을 독려하기도 한다. 남북분단 이후 귀순한 북한 병사들도 있었고, 월남, 또는 탈북하는 사람들 등등이 있다. 그와 반대로 드물게 월북하는 남한의 현역 군인, 주민들도 있다. 이들 대부분 자신의 부대나 사회에서 사고를 치고 월북, 월남, 탈북한 경우이다. 현재에도 가끔 위와 같은 일들이 벌어지고 있다.

북한 주민들의 탈북이 본격화된 것은 1990년대이다. 남한은 90년대 말에는 국가부도를 겪기도 했지만, 어느 정도 경제성장을 이룬 상태였다. 반면 북한은 그때나 지금이나 가난에서 헤어나지 못하고 있다. 90년대 남한의 정세는 군사독재정권이 막을 내리면서, 북방정책을 내세워 중국, 러시아 등 사회주의 국가와 교류를 하게 된다.

중국은 70년대 말부터 개혁개방 노선을 채택하여 다각도로 경제성장에 박차를 가하면서, 점진적으로 북한 주민과의 교역 및 상호 교류도 활발해졌다. 그러면서 90년대 즈음 북한 주민이 중국 등 해외로 진출한 후 몰래 한국으로 입국하는 사례가 발생하기 시작했다. 그리고 탈북 브로커를 통해 한국으로 오는 등 다양한 방식으로 탈북이 이루어지고 있다.

북한 해외주재원들도 사고 친 후 살길이 막막하면 망명이니 귀순이니 하며 한국으로 들어오기도 했다. 그러면 한국 정부는 체제의 우위를 자랑하며 탈북자들을 적극적으로 환영했다. 90년대 초까지만 해도 탈북자들을 기자회견하고, 대대적으로 남한 사회체제 선전에 이용했다. 하지만 곧이어 수도 없이 밀려오는 탈북자들로 인해 매번 기자회견을 했다가는 1년 내내 해도 모자랄 판이 될 정도가 되어, 더 이상 기자회견을 하지 않게 된다. 가끔 사고를 친 북한 고위급이 적당한 명분을 내세워 탈북하면, 기자회견은 자제하더라도 대우가 극진하기는 하다.

세상 만물은 특히 사람을 포함한 동물계에서는 자신의 영역, 울타리에 무단 침입을 허용하지 않고, 경계하기 마련이다. 낯선 물체를 보면 예의주시하고, 방어하다가 여차하면 공격하는 것은 동물의 본성이다.

남북분단과 한국전쟁으로 북한은 이미 대한민국의 적대국이 된 상태이다. 정부와 정치권에서는 탈북자들을 통해 남한 체제의 우월을 강조하는데 내세우고, 진영의 논리에 이용하기도 한다. 그렇다고 해서 한 개인으로서 탈북자들을 진심으로 반기거나 우호적인 행태를 가지는 것과는 별개 문제이다. 보수진영은 탈북자를 국회의원으로 등용까지 시키고, 선거나 정치적으로 민감한 시기에 이용도 한다. 하지만 정작 일반 탈북자들의 불안정한 생계와 삶에는 개입하지 않는다.

무엇이든 귀해야 대접을 받고 관심을 받게 마련이다. 탈북자는 대한민국 전체 인구에 대비하여 극소수이지만, 2020년대 기준으로 이미 3만여 명에 달한다고 한다. 탈북자들 80% 이상이 수도권에 거주하고 있고, 정부에서 제공한 서울 양천구의 임대아파트에 가장 많이 거주하고 있다는 통계가 있다. 위의 지역에서는 많은 탈북자로 인해 이제 교류와 관심은커녕 상호 불편한 이웃이 되고 있다.

임대아파트에 집단으로 거주하다 보니, 남한 주민과 탈북자 간 전혀 융화되지 못하고, 섬과 같은 생활을 한다고들 한다. 남한 사람 전체를 기준으로 볼 때, 양천구 주민이 아닌 이상, 탈북자들을 실제 마주할 일을 많지 않다.

하지만 그들을 연상하고 바라보는 시선은 곱지 않음은 동일하다.

탈북자들은 국제사회에서 난민도 아니고, 망명자로 인정받지도 못하는, 말 그대로 북한을 탈출한 사람들이다. 한때는 대한민국 정부에서 체제 우월을 내세우고, 인권을 들먹이며 탈북자들을 반기기도 하고 기획 탈북, 귀순을 조장하며 정치에 악용하기도 했다.

이제는 넘쳐나는 탈북자들로 인해 골머리가 아플 정도가 되어 버렸다. 확인할 수 없는 불명확한 이유를 앞세워 자신의 조국과 고향, 친인척, 친구들을 모두 내팽개치고 이탈한다는 자체가 배신이고 사회적 범죄행위이다. 전쟁이 끝난 지 70년이고, 냉전이 종식된 지 40년이 되었는데, 아직 한반도에서는 이념을 들먹이며 색깔 장사를 하고 있다. 그 든든한 장사 밑천이, 적재적소 이용해 먹을 수 있는 것이 탈북자들이기도 하다.

남측은 북측보다 체제가 우월하고, 경제적으로 여유가 있는데도 불구하고 법적, 인도적으로 북측을 마음대로 도움도 지원도 해줄 수 없다. 정권의 성향이나 당시 상황에 따라서 우호적일 때도 있고, 철천지원수가 될 때도 있다. 정부든 민간단체든 북한을 잘못 도와줬다가는 빨갱이 소리 듣기 십상이고, 강대국으로부터 제재도 받고 곤경에 처할 수도 있다.

대한민국이 북한을 정상적으로 도우려 하거나 지원해주려고 하면 먼저 강대국들의 동의를 받아야만 한다. 물론 허용이 되는 인도적 차원은 제외한다고 한다. 하지만 이런 형국은 마치 경제적 여유가 있는 친형이, 이웃에 사는 가난한 친동생을 물심양면 도와주려고 하면, 먼저 동네 깡패에게 물어보고, 허락도 받아야 하는 꼴과 진배없다.

한국전쟁 중 남한에 정착하게 된 이북 사람들은, 전쟁 후 탈북한 북한 주민들과 고향은 비슷하지만, 전혀 다른 사고방식을 가지고 있다. 많은 시간차를 두고 떠나온 동향들이지만, 절대 이웃할 수 없는 사람들이 그들이다. 한국전쟁 중 월남한 사람들과 그 가족들은 남한 사회에서 성공한 면면을 헤아릴 수 없이 많다. 하지만 전쟁 후 북에서 넘어온 사람들 대부분은 남한 사회에서 환영받지 못하고 적응하지 못해, 섬과 같은 '경계인(境界人)'으로 존재하고 있다.

보수 표방 TV방송에서는 벌써 10년 넘게 탈북자들을 출연시켜 그들의 조국을 비난하게 하고, 그곳의 고단한 삶을 소개하기도 한다. 탈북자들도 자신의 고국산천을 헐뜯기에 주저하지 않는다. 자신의 고국산천을 매주 단체로 TV방송에서 대 놓고 체제를 비난하고, 조소하고, 하대해도 되는 나라가 바로 대한민국이다. 이런 비상식적 행동들을 전혀 비상식적이라고 여기지 않는 곳도 바로 여기 대한민국이다.

북에 대해 매우 이질감을 나타내는 남한의 사람들도 북녘땅에 있는 백두산을 민족의 영산이라고 하며 동질감을 내세우는가 하면, 금강산은 그리움의 대상이라고 노래하기도 한다. 이처럼 남한 사람들은 북녘의 아름다운 자연은 공유물이라는 인식하지만, 북녘 주민의 고난은 외면하려 한다.

남한에서는 아직 북한에 대해 일관되고, 일치된 개념이 존재하지 못하고 있다. 그 원인의 제일은 단연 강대국, 특히 미국이 대북 관련 우선 협상권과 제재권을 가지고 있기 때문이다. 부연하자면 모두가 아는 사실이듯, 한국전쟁 당시 휴전의 당사국은 한국과 북한이 아닌 미국과 북한임을 상기해야 한다.

북한과 미국이 아직 수교가 되지 않았고, 미국과 북한이 매우 적대적이므로 한국은 미국을 추종하여 북한과 적대적 관계를 설정해야만 미국의 눈 밖에 나지 않게 된다. 한국은 독자적이고 독단으로 북한과 협상하거나 거래, 교역조차 할 수 없는 국가이다.

아직 어느 기관에서도 통계 수치를 조사한 적 없지만, 진보와 보수의 지지층으로 나눠 유추해 보면 대개 한국인의 절반 정도는 북측과 적대관계 유지하기를 바라고, 미국의 속국과 같은 역을 해야 국가가 안전하고 평화로울 것이라 여기는 것 같다. 조선시대에 명·청의 중국왕조에게 조공으로 국권을 유지한 것과 현 대한민국의 상황은 거의 달라지지 않았다. 대국을 섬기기를 주저하지 않는 행태는 전혀 개선되지 않고 있다.

미국이 북한을 용인하지 않으니, 한국은 북한을 미국보다 더 적대시해야 미국으로부터 인정을 받는다는 관념이 지배적이다. 북한이 경제적으로 힘들어도 도울 수도 없으며, 도와주지 않아야 미국으로부터 미움을 사지 않는다.

지금 대한민국에서는 이런 비극적인 현실이 전혀 이상하다고 느끼지 않는 것이 더 비극이다.

03. 미국에 대한 관점

　21세기 현재, 한국은 미국을 우방을 넘어 혈맹으로까지 표현하며 국가 간 돈독한 우의를 내세운다. 너무도 자주 언급한 사안이지만, 조선시대로 비교하면 미국은 명나라와 같은 존재이다. 조선은 명나라가 쇠망한 후에도 겉으로는 만주족의 청나라를 섬겼지만, 속으로는 한족의 명나라를 한없이 앙망하였다.

　조선 조정은 명나라가 망한 후에도 명 황제의 제사를 잊지 않고 지내고 있음을 실록에 기록하고 있을 정도이다.

『영조실록 69권, 영조 25년 3월 2일 경술 1749년 청 건륭(乾隆) 14년 대신과 예조 당상을 인견하다

　임금이 대신과 예조 당상을 인견하였다. 임금이 말하기

를,

"옛날 황단(皇壇: **명의 신종 황제 만력제, 제단**)을 설치한 것은 임진년(**임진왜란**)에 재조(再造)해 주신 은혜에 보답한 것이다. 의종 황제(**명나라 마지막 황제, 숭정제**) 때에는 천하의 형세가 어떠하였는데, 장수에게 출사(出師)를 명하여 외방의 번국(藩國)을 구원하게 하였고, 또 조선이 항복(**병자호란**)하였다는 소식을 듣고는 다만 그 장수가 잘 협력하여 구원을 도모하지 못했다고 꾸짖었으니, 그 감동하여 눈물을 흘림이 마땅히 어떠하겠는가? 이것은 실로 임진년의 은혜와 다를 것이 없는데, 어찌 신종(**임진왜란 당시 명 황제**)과 함께 제사 지내는 전례가 없을 수 있겠는가?"

하니, 영의정 김재로(金在魯)가 말하기를,

"3월 19일은 곧 의종 황제께서 사직을 위해 돌아가신 날입니다. 선조(先朝) 갑신년은 옛날 갑신년이 거듭 돌아오는 해이므로 이날 서총대(瑞蔥臺)에서 의종 황제에게 제사를 지냈을 뿐이며, 대보단(大報壇)에 이르러서는 단지 신종만을 위해 설치하였습니다. 우리 나라가 대대로 황조(皇朝)의 은혜를 받았으니 지금 황조가 망함에 있어서 특별히 고황제(高皇帝)로부터 제사를 지내더라도 어찌 그 정례(情禮)를 다 편다고 말할 수 있겠습니까마는, 신종께서 천하의 힘을 다하여 망하여가는 나라를 재조시켜 주었으니, 이것은 실로 유사 이래 전혀 없었던 큰 은혜입니다. 그러므로 단지 신종 황제를 위해 단을 설치하였고, 의종 황제는 함께 제사지내지 않은 것입니다."

...하략』

생략된 부분이 있지만, 이후 조선은 명나라 태조부터 마지막 숭정제까지 모두 제사를 지내는 충정을 보였다.

일제 식민지를 겪고, 광복 이후 한국에서는 미국이 명나라와 같은 존재로 굳건히 자리매김하게 되었다. 식민 지배에서 직접적으로 벗어나게 해주었고, 물론 강대국 간의 이해관계로 분단은 시켰지만, 한국전쟁의 위기에서 또 대한민국을 지켜주기도 했다. 역사적 정황상으로만 봐도 미국은 조선시대의 명나라 그 자체이다.

한국(조선)이 명나라 이상으로 인식하는 미국과의 공개적 첫 대면이자 충돌은 그들의 일방적 무력 도발로부터 시작된다. 1871년 미국 상선 제너럴셔먼호가 대동강을 통해 평양에 도착한 후, 조선과의 통상을 요구하다가 거절당하자, 행패와 난동을 부리게 된다. 이를 본 평양의 관민이 격노하여 제너럴셔먼호를 불태우며 선원들을 전멸시키는 사건이 발생한다.

이에 미국은 보복하기 위해 병력과 군함 5척을 강화도 해협으로 출동시켜 조선군과 충돌을 일으킨 사건이 신미

양요(1871)이다. 이 침공으로 조선군은 350명이 전사했는데, 미군 전사자는 고작 3명에 불과한 100배 이상의 어마어마한 전투력 격차를 확인하는 전란이었다.

이 무렵 국제정세를 보면, 먼저 서구 열강들이 아프리카와 아시아를 대상으로 식민 침략과 새 교역로 확보에 혈안이었다. 이웃 나라의 상황을 보면 청나라는 당시 어린 황제가 연이어 등극하면서 섭정 등 여러 요인으로 인해 쇠락이 가속화되고 있었다. 일본은 서구 문물을 먼저 받아들여 근대화에 성공한다. 이에 힘입어 서구열강들의 약소국 침략 행위를 따라 하며 조선, 대만, 류큐(현 오키나와) 등을 식민 지배 추진을 계획할 때였다.

미국은 그 당시 영국으로부터 독립(1776)한 지 100년여, 남북전쟁(1861~1865)이 끝난 지 몇 년 되지 않은 시기였다. 그러면서 일본에게 먼저 개항을 요구해 성공했고, 다음으로 조선에게 개항과 교역을 시도하다 발생한 사건이 바로 신미양요였다.

미국과의 첫 대면은 매우 불미스럽고 많은 사상자를 발생하면서 시작되었다. 그것도 일방적으로 조선인이 희생당하면서 말이다. 하지만 위와 같은 불미스러운 시작과는 달리 여러 굴곡진 역사를 거치면서, 미국은 한국의 든든한 우방이 된다.

미국은 한반도를 두고 한국과는 우방이지만, 북한과는

악의 축이라고 부를 만큼 적대국이다. 한반도는 완전 타의에 의해 분단되었지만, 많은 한국인은 미국의 적대적 대북 관계 설정을 지지하며, 매우 긍정적으로 받아들이는 형세이다.

신라 이후 천년을 함께한 민족이 강대국들에 의한 분단으로 70년 이상 철천지원수가 된 비극을, 이제 미국의 심중을 헤아리며 처신해야 하는 신세이다. 지금은 왜, 무엇 때문에 남북이 분단되고, 서로 철천지원수가 됐는지는 아무 의미가 없게 되었다. 오직 대한민국을 건재하게 한 미국만 따르면 된다는 인식만 가득하게 된다.

한국의 경제성장은 당연히 내부적 요인이 크지만, 미국의 원조를 빼놓을 수 없다. (여기에서는 일본은 논외하기로 하고) 미국의 지원 등으로 경제성장을 이룬 것까지는 좋으나 국민의 정서와 정신이 깃든 문화에도 막대한 영향을 미쳤다. 또한 가장 중요한 것은 국가의 방위, 안보를 책임지는 국방, 군사권에도 지대하게 관여하고 있으니, 대한민국이 온전한 독립국가인지 모호할 때가 있다. 군대가 존재하는 것은 외침에 대비하고, 전쟁을 억제하고, 또한 유사시 국가를 수호하고 국민을 보호하는데 있다.

그런데 한국은 국가방위에 관해 전시작전권 위임과 환수를 두고도 분란이 있어야만 합당하다고 여긴다. 미군 철수는 목숨을 걸고 반대하는 국민 정서가 강해, 미군 주둔으로 국방을 저당하려는 의식이 우세하다.

한국에 거주하는 많은 한국인은 미국에 대한 무한한 동경심을 가지고 있다. 부끄럽지만 조선인이 명나라를 동경하고 숭배한 행위를 그대로 하고 있다. 하지만 현실에서의 실제 미국에 거주하는 많은 한인은 백인과 흑인 등에게 인종차별을 당하고, 증오범죄의 위협을 감수하며 살아가고 있다.

이는 앞서 기술했듯 1992년 LA폭동에서 잘 나타나고 있다. 미국 내 흑·백 갈등으로 발생한 사건이 애먼 한인사회가 흑인들로부터 최대 공격을 당하고 피해를 본 어처구니없는 사건이었다. 미국 내에서 사회적 위기나 갈등이 있을 때마다 한인은 백인, 흑인 등에게 쉬운 공격의 대상이 되는 것이 엄연한 현실이다. 유럽 등 백인이 주류가 되는 국가나 사회에서는 흑인, 유색인종이 차별받는 것은 고대부터 존재했다. 서구 국가들에 의해 미주대륙이 정복된 후 끊임없이 극심하게 인종차별에 관한 갈등이 반복되는 곳이 미국이다. 한인들은 미국 사회에서 인종차별을 감내해야 하는데, 반해 오히려 한국에서는 미국인을 위시한 백인종은 지나치게 우대하고, 그 외 인종을 매우 차별하는 이중적 태도가 나타나고 있다.

한국사회에는 서양인이면 대개 미국인으로 인식할 정도로 미국에 빠져있다. 미국이 우방이고 세계 초강대국이라고 해서 무조건 추종하거나 모방할 필요가 전혀 없는데 한국사회는 미국을 최우선으로 여긴다.

한국은 일제 식민 지배라는 역사적 능욕을 겪었으면서 광복 이후 정권마다 차이는 있지만, 일본에게 매우 유화적인 태도를 보이고 있고, 국민의 과반 혹은 절반도 정권에 따라 같은 생각을 가진다. 많은 한국인은 한국이 일본보다 미국과 더 우방이고, 더 친밀도가 높다고 착각하고 있다.

미국은 지금의 일본을 동맹이자 최대교역국이며, 동반자, 경쟁 상대로 여기고 있다면, 한국은 동맹이자 교역국이지만, 보호 대상으로 간주하고 있다. 굳이 미국 측에서 한국과 일본의 공통 분모를 찾자면 미국의 동북아 군사전략요충지로 양국에 미군이 주둔하고 있다는 것이다.

미군이 일본에 주둔하는 것은 전승국으로서 일본의 도발을 차단하는 목적이면, 한국에서의 주둔은 북한의 도발을 방지하기 위함이다. 물론 중국과 러시아를 염두에 두고 전략적으로 양국에 미군을 주둔하는 이유도 있다. 아무튼 주한 미군의 정식 명칭 및 명분은 한미상호방위조약의 일환이기는 하나 쉽게 말해 군사보호조약이나 다를 바 없다. 그러다 보니 주한미군의 외부활동은 특별대우를 받으며 기고만장하기 이를 데 없다. 웬만한 범죄를 저질러도 국내법에 저촉되지 않는다.

주한미군지위협정(한미 SOFA)이라는 명목상의 협정이

있으나 강력범죄 이외는 적용이 어렵다. 혹여 살인, 강간 등의 중범죄가 발생하더라도 미군 측에서 판단하여 1차 재판권을 요구하면 한국에서는 권한을 양보해야 하는 구조15)이다.

근래 미국독립기념일 등 미국의 명절날에는 미국인, 미군과 그들 가족 등이 한국의 유명 관광지에 떼로 몰려가 폭죽을 터트리고, 난동을 부리는 일들이 일상이 되고 있다. 그런 난동에 한국 경찰들은 그들을 강력 단속 또는 저지하기는커녕 수수방관의 행동을 취한다. 미군 등의 이러한 난동과 한국 경찰의 미온적 태도가 잦다 보니 이제 뉴스거리로 보도가 되어도, 시민들은 무신경한 일이 되고 있다.

주한 미군의 안하무인 행동들은 그들이 갑의 위치에 있다고 인식하기 때문이다. 따지고 보면 주한 미군은 국내에서 치외법권의 법적 권리 외 갑질 권한을 누리고 군생활하고 있다고 보면 정확하다.

위와 같이 미군들이 범법행위를 하여도 제대로 처벌하지 못하는 것은 약소국이 감내해야 하는 비통함이다. 역사적으로 보면 비단 미군뿐만 아니라 주변 국가로부터 당해

---

15) 대한민국 정책브리핑, 주한미군지위협정(SOFA, 합의의사록, 양해사항 조문대비) 형사재판권 22조

온 익숙함이 있다. 그 좋지 않은 익숙함을 떨쳐내지 못하는 나약한 모습도 지금의 대한민국이기도 하다.

04. 보존

한국사회에서는 물건의 사용기간이 비교적 짧다. 오래된 가전제품, 가재도구를 사용하면 손님에게 눈치를 봐야 하거나, 존재 이유를 설명해야 하는 경우도 생긴다. 휴대전화 교체 주기가 다른 나라에 비해 매우 짧다는 것은, 이제 고전이 될 정도로 모두에게 익숙하고 당연한 일처럼 되었다. 그와 같은 맥락으로 한국사회에서는 전반적으로 옛것을 보존, 계승하려는 개념도 비교적 약하다.

조선조에는 사회발달이 거의 정체되어 있었고, 신문물이 만들어지기 어려웠고, 단순하여 물건 등의 사용기간, 또는 교체 주기를 엄밀히 말할 수 없다. 예를 들면 과거의 다듬이돌, 돌절구통, 맷돌, 장롱 등등의 생활 도구는 한두 부분만 교체하면 계속 사용 가능하고, 유행을 탈 수도 없는 물건이기에 한 자리에 두고 대를 이어가며 쓰는 가정이 많고, 또한 당연하게 여겼다.

시대와 문명의 변화가 정체되었던 조선은 근대, 일제의 지배와 한국전쟁까지 겪으며 사회 전반에 걸쳐 파괴와 혼돈, 대변혁의 시대를 맞는다. 일제가 마음대로 헤집고 간 이 땅을 새롭게 만들어 가는 것이, 해방을 맞은 한국인의 책무이게 된다. 일제는 식민지 지배를 위해 사회기반시설을 새롭게 건설 및 조성했다. 그런 빌미로 조선의 유무형 문화재를 심각하게 파괴 및 훼손하거나 반출 또는 훔쳐 가는 일은 일상이었다. 심지어 조선왕조실록 일부도 일본 도쿄대 도서관에 갖다 놓았을 정도였다.

다시 제자리를 찾게 된 대한민국은 모든 분야에서 복구와 보존이 기다리고 있었다. 그런데 사회 전반을 복구하고 보존할 비용과 기술력이 없어, 식민 지배했던 일본의 힘을 다시 빌리게 된다. 이에 대해 또 아무런 굴욕감을 느끼지 않은 것이, 바로 대한민국이었고, 대한민국이다. 일제에 의해 난도질 당한 한반도, 대한민국은 어떤 것을 보존하고, 어떤 것을 파괴해야 할지 명확한 기준점마저 세우지 못했다.

해방 후 일본인이 살던 주택은 적산가옥으로 분류되어 민간에게 넘겨 거주를 인정하고, 공공 또는 사유 건물들은 여러 용도로 사용하다가 2001년 근대문화유산 등록제가 생기면서 새롭게 보존하기도 했다. 일제가 운영하던 수많은 기업체는 권력층에게 힘을 댄 기업인들이 정부로부터 무상 인수하거나, 아예 일본인에게 직접 물려받기도 했다. 일본 신사 등 적대감이 유발되는 건물들은 시차를 두며 파괴하기도 했고, 방치하기도 했다. 실생활과 산업에 꼭 필요한 당시 건설된 공항, 항만, 철도, 도로, 공공 건축물 등등 수많은 사회 기반 시설물들은 21세기 현재에도 수리, 보수를 하며 사용하고 있거나 폐기 처분도 하고 있다.

해방 이후 일제에 부역했던 세력과 친일본적 성향의 권력층이 줄곧 대한민국을 장악하면서 제2의 일제 지배와 유사한 사회구조가 묵인되고 있다. 이런 근본적 원인으로 인해 일제잔재청산은 백년하청이 되고, 건조물마저 보존과 파괴를 결정할 수 없는 형태가 된 것이다. 아픈 역사도 역사이기에 굴욕을 반복하지 않기 위해 보존하며 기억해야 한다는 듣기 좋은 말이 있다. 하지만 유형적 건조물이 아닌 정신적, 무형적 일제잔재마저 흔들림없이 보존되고 있으니 문제가 되고 있다.

이런저런 부분을 이제 삼일절이나 광복절이 되면 언론매체 등에서, 짧고 의례적으로 다루는 것이 전부이다. 과거 역사의 보존에 관한 규정 마련조차 중구난방이고, 명확한 굴욕의 실체도 시시비비를 논하고 있는 부분이 적지 않다.

일제강점기의 유무형 잔재를 오늘날까지 결론짓지 못하

는 것은, 자주적 국가 개념이 약하기 때문이다. 실록에서 임진왜란 당시 임금 선조는 '나라가 보존된 것은 중국의 은혜'라고 말할 정도이다. 조선조의 사대부에서는 국가가 위기에 처해도 대동단결보다 공신을 비방, 모함하여 분열을 획책하고, 자신과 문벌의 안위를 도모한다. 그들만의 고질적 병폐를 만들어 놓고, 갇혀 500년을 이어왔다. 그리고 이러한 매우 이기적인 폐단이 굳건히 유지되면 될수록 그들 무리는 더 출세 가도를 달리고, 권세를 누렸다.

아래 실록에서는 임진왜란 당시 나라의 보존은 중국에 의존하고, 국난 중 장수를 등용하기 어려움을 토로하는 내용이다.

『선조실록 70권, 선조 28년 12월 5일 계묘 1595년 명 만력(萬曆) 23년. 병조 판서 이덕형을 인견하여 오랑캐와 왜적의 정황·평안도 군사 훈련에 대해 묻다

오시(午時)에 상(**임금 선조**)이 별전에 나아가 병조 판서 이덕형(李德馨)을 인견하였다.

...중략...

상이 이르기를,

"초관(哨官:**병사집단의 종9품관직**)들을 이미 수령에도 제수하지 않고 또 승천(陞遷:**직위승진**)시키지도 않는다면

어찌 성의를 다해 일을 하고 공을 세우겠는가."

하니, 덕형이 아뢰기를,

"낭청 초관(郎廳哨官)은 노고가 다른 사람보다 갑절이나 되니

진실로 상전(賞典:**상을 주는 규정**)이 없으면 기총(旗總)·대총(隊總:**군대 하위단위**)을 무엇으로 격려하겠습니까. 때때로 뽑아서 탁용(擢用:**많은 사람 중에서 뽑음**)하기를 《기효신서(紀效新書):**명나라 장수 척계광(戚繼光)이 1560년에 편찬한 병서로서 16세기 중반 중국의 남방 지역에서 활동하던 왜구의 전술에 대응하기 위한 전술 위주의 책**》의 법처럼 해야 합니다. 그러나 우리나라는 문벌에 매양 구애되어 이미 고질이 되었으므로 갑자기 개혁할 수가 없습니다." 하였다. 상이 이르기를,

"주청(奏請:**임금에게 아뢰어 청함**)에 관한 일은 왜적을 물리친 데 대해 사은한 뒤에 해야 하거니와, 달로(㺚虜:**오랑캐, 만주족**)의 정세도 진주(陳奏:**윗 사람에게 알림**)해야겠는가?"

하니, 덕형이 아뢰기를,

"우리나라가 변방 정세에 대해서는 전혀 주문하지 아니하고 매양 국사만으로 진주하는 것이 어떠한지 모르겠습니다. 비록 왜적이 다 물러갔다고 사은하지는 않더라도 오늘날까지 보존한 것이 모두 중국의 은혜이니, 이것으로 사

연을 만들어 사은하는 것이 마땅할 듯합니다."

하였다. 상이 이르기를,

"내가 비변사에 의논하도록 하였으니, 판서에서 진실로 생각이 있거든 어떻게 여기지 말고 다 말하라."

하니, 덕형이 아뢰기를,

"국가의 위급함이 이와 같은데 믿을 만한 장재(將才)가 전혀 없으니 의병장을 선발하여 특별히 등용하면 반드시 도움이 있을 것입니다. 곽재우(郭再祐)는 심기(心氣)가 상하여 처사가 온당하지 못한 듯하나 군법이 엄명(嚴明)하고 사졸을 사랑합니다. 처음 의병을 규합하여 적의 토벌에 공이 많았으나 강화(講和:**왜군이 명군을 상대로 조선 분할 통치 등을 요구하며 강화 협상한 사안**)를 좋게 여기지 아니하여 벼슬을 버리고 집으로 돌아갔습니다. 벼슬을 제수하여 불러와서 그가 하는 바를 보아 처리함이 어떻겠습니까?"

하자, 상이 이르기를,

"나는 이 사람을 전혀 알지 못한다. 이처럼 쓸 만하다면 그렇게 하는 것이 마땅하니 비변사에서 의논하여 하라. 또 우리나라에 장수 재목이 이처럼 없는 것은 무슨 까닭인가?"

하니, 덕형이 이르기를,

"우리나라는 본디 의논이 많아서 완전한 사람을 얻을

수 없으니, 반드시 비방과 칭찬에 끌리지 말고 의임(倚任: **의지하고 신임함**)하는 것이 마땅합니다. 당상 무관 중에 병사(兵使)로 선발할 만한 사람도 몇 사람 되지 않습니다. 나정언(羅廷彦)은 겁이 없는 것 같고 또 북도(北道:**경기도 이북 지방**)에 7~8년 동안 있었으니, 불러서 군사 거느리는 장수의 소임을 제수할 만합니다."

하자, 상이 이르기를,

"이 일을 나도 일찍이 말한 적이 있다."

하략....』

조선 후기의 문인, 성여신이 1632년경에 경상도 진주의 연혁 · 인문지리 · 행정 등을 수록한 진양지(晉陽誌) 제3권 /임관/목사(牧使) 항목에 보면

○ 나정언(羅廷彦) : 정유년(선조 30년, 1597)의 난에 군사를 이끌고 적을 물리칠 때에 들을 비우고 정개산성(鼎蓋山城:**경남 하동군 소재**)으로 들어갔다가 적이 성 아래에 이르자 진(陣)을 버리고 달아났다.

라고 기록되어 있다.

위 실록에서 왜란 중 선발할 장수가 없었으나, 병조판서가 겁이 없는 위의 인물 나정언을 추천하고, 임금 선조가

그를 진주목사로 임명했다. 하지만 정유재란이 발발하고 왜군의 공격을 받은 나정언은 추한 모습을 보인 후, 역사의 기록에서 사라졌다.

임진왜란 당시 조선의 군사들은 전투 중 장렬히 전사하거나 아니면 도주하여 목숨을 연명하는 두 부류로 나눠지었다. 나라를 지키려는 자는 죽고, 자신을 지키려는 자는 달아나 목숨을 부지했다. 위 두 부류로만 보면 국난이 있을 때마다 나라보다 자신을 더 잘 보존했던 자들의 후손들이 지금 대한민국에 더 많이 존재하고 있지 않나 싶기도 하다.

물론 일부 전공을 세운 병사들도 당연히 있지만, 왜란의 전세를 뒤집을 만한 혁혁한 공이 없어 이 부분은 생략함이 옳아 보인다.

05. 분열

한국전쟁의 국난이 닥쳤을 때 누군가는 '뭉치면 살고, 흩어지면 죽는다.'는 말을 해 놓고 정작 자신은 도망가기 바빴던 일은 매우 유명한 일화이다. 이 일과 그를 두고도 지금 한국인들의 관념과 지지 세력은 매우 상반되고 있다.

위 말의 배경은 위기가 닥치면 뭉쳐지기가 쉽지 않음을 실질적 경험과 역사적 사실에서 나온 말일 것이다. 양반 계층들은 조선조 시절엔 국가의 번영보다 자신과 문벌의 안위를 위해 사색 당쟁에 목숨을 걸었고, 일제 치하에서는 자신의 안위와 부귀영화를 위해 일제 부역질에 충성을 다했다. 반면 적은 수이기는 하지만, 안정된 삶을 뒤로하고, 조국 독립을 위해 고난의 길을 택한 양반 가문들도 있었다.

일제강점기에 부역자들은 똘똘 뭉쳐 일본제국에게 충성

을 다했다. 그 반대에 선 독립투사들은 조국 독립이라는 원대한 목표가 있었지만, 하나의 구심점 없이 서로 다른 이념과 방식으로 활동을 전개했다. 그로 인해 계열이 다른 항일단체가 너무 많았던 것도 부인할 수 없다. 나라를 배신한 부역자들은 배가 부르니 한길만 가는 것을 자처했고, 나라를 되찾으려는 독립투사들은 배가 고프니 여러 갈래로 흩어져야만 했다.

다양한 목소리와 의견, 생각 등등은 조화를 잘 이루면 효율이 배가 되지만, 그 반대의 경우에는 분열과 파탄을 초래하게 된다. 일개인에게도 평범한 일상일 때는 그 사람의 됨됨이를 가늠하지 못하다가도, 크고 작은 어려움이나 위기가 닥쳤을 때 숨겨진 본모습이 드러나게 된다. 국가와 사회 단위에서도 같은 현상이 발현되는 것이다. 위기에 직면했을 때 오직 자신만 살려고 하는 사람들이 많은 나라, 그런 행동이 수치라고 생각하지 않는 사회 분위기, 그 비뚤어짐을 보고도 정당한 심판이 없는 사회환경에서는 국가의 분열, 사회의 분열은 반복될 수밖에 없다.

임진왜란이 끝나고 3년여 후, 지금의 감사원, 헌법재판소 격인 사헌부의 수장, 대사헌 정인홍이 조선조 사대부의 분열과 오합지졸을 개탄하는 내용의 상소문을 다음과 같이 올린다.

『선조실록 148권, 선조 35년 3월 25일 정해 1602년 명 만력(萬曆) 30년 대사헌 정인홍이 올린 상소

상략…

전하께서 몸을 사랑하는 마음으로 한 나라를 사랑하지 못하므로 원기를 배양하고 질병을 치료하는 것 역시 진실되지 못하다고 하겠는데 그 이유는 무엇이겠습니까. 사류(士類)는 국가의 원기이고 조정은 공론이 있는 곳입니다. 그런데 오늘날 조정의 사대부가 서로 분열하여 각자 이쪽과 저쪽 편으로 갈라져 천백 갈래로 마음이 쪼개짐으로써 공도(公道)가 완전히 없어져 버렸다는 것은 앞서 말씀드린 것과 같습니다. 이런데도 나라가 제대로 다스려지겠습니까.

…중략..

신은 듣건대 한 시대에 쓰일 인물은 한 시대에 충분히 갖추어졌다고 하니, 수령과 장수에 합당한 인물이 어찌 없겠습니까. 단지 조정의 임용이 공정하지 못하기 때문일 뿐입니다. 더구나 수군 장수는 외침을 방어하는 중요한 직책이고 주사(舟師:수군)는 승리를 거둘 수 있는 신묘한 방책인 만큼 장수를 더더욱 쉽게 선발할 수 없는데 도리어 무뢰배들에게 맡기고 있습니다. 그들이야말로 평시에는 이익을 꾀하여 자신을 살찌우다가 병란이 있으면 군부에게 화

를 전가시키는 자들이니, 장차 차마 말할 수 없는 일들이 일어나게 될 것입니다. 전철(前轍)이 멀지 않은데도 태연히 주의할 줄 모르니 생각이 여기에 미칠 때 어찌 한심하지 않겠습니까.

…하략…』

선조에게 위와 같이 상소문을 올렸던 정인홍은 임진왜란 당시 의병을 모집하여 왜군을 격퇴하는 등, 전공을 세우기도 했다. 광해군 시절에도 신임을 받아 고위 관직에 있었으나, 1623년 인조반정이 일어나 반대파들에게 역적으로 몰려 80이 넘는 나이에 참형으로 비참하게 생을 마감했다.

국가 발전을 저해하는 요인 중 하나가 분열임을 지적한 정인홍도 사색당파의 한 수장으로써 분열의 중심축에 있었다. 결국 그도 광해군을 몰아내는 인조반정 때 분열의 최대 피해자로 최후를 맞았다.

일제 시절 왜놈들은 '조선인들은 모래알 같고, 일본인은 진흙과 같다'며 한국인들은 잘 뭉쳐지지 않음을 빗댄 말이 전해지고 있다. 식민지 지배를 당한 입장에서 그런 비아냥은 폐부를 찌르는 말이지만, 그다지 틀린 말도 아니라 반박이 오히려 민망하고 궁색하기만 할 뿐이다. 그들은 왜 그런 표현을 했는가를 두고, 변명거리를 찾기보다 원인을 찾아 해결함이 중요하다. 그렇지만 이 비아냥을 두고도 맞다, 아니다로 또 다른 분열이 있음을 어떻게 해야 할지 모를 일이다.

왜놈들이 위와 같이 비아냥거리고 간 후, 마치 예견이라도 한 듯 해방된 한반도는 강대국에 의해 두 동강으로 분열되어 버렸다. 그리고 또 그 빈정거림이 틀리지 않다는 것을 입증이라도 하는 듯 남과 북은 70년 세월이 흘러도 전혀 뭉쳐지지 않고 있다. 남과 북의 분열도 분열이지만 한국사회의 분열 역시 조선조와 판박이가 되고 있다.

전시나 국가 위기가 되면 매국과 애국으로 절반씩 분열되는 것은 슬픈 역사적 사실이다. 하지만 평시에도 대형 참사가 발생하면 민심은 어김없이 동정과 조롱, 무관심으로 각각 갈라선다. 그 와중 동정과 조롱의 양측은 첨예한 갈등으로 사회적 낭비와 손실을 유발한다.

여기에서 두부 자르듯 정확히 나눌 수 없지만 대개 동정은 비교적 진보 성향의 민심과 정치권이 함께하는 경향이 있다. 그와 반대인 조롱은 보수 성향의 민심과 정치권이 합세하는 모습이 자주 드러난다. 이런 현상은 대형 참사가 발생했을 때 집권당의 성향과 태도, 수습과 사후처리 능력 등에 따라 민심도 오락가락한다. 그에 더해 언론이 정론 보도를 접어두고, 사건 실체를 정치 성향에 따라 왜곡한다거나, 영업전략에 따라 곡필하면 민심이 흔들리고,

분열하게 된다.

사회적 갈등과 혼란 등이 생기면 분열을 통해 이득을 챙기려는 집단이 있기에, 분열을 조장하고 획책하는 무리는 쉽게 집단을 이룬다. 그리고 목적을 달성하기 위해 집단 시위와 유언비어까지 생산하는 것은 교과서적인 비열한 방식이다.

모든 사회는 갈등과 혼란 등을 항상 내재하고 있다. 그 것을 어떻게 분출하고 또 소멸시키냐에 따라 사회건전성이 판가름 된다. 일본에는 사회적 갈등과 혼란 등이 발생하면 온갖 유언비어를 만들어 제1 공격 및 분풀이 대상을 재일한국인으로 정해 자국민의 결속을 이끌고, 분열을 막으려 한다.

그런데 한국사회에서는 갈등과 혼란이 발생하면 자국민끼리 학살하고 혐오하기 급급하다. 한국전쟁 당시 이념 갈등으로 좌익분자를 색출하는 명목으로 수많은 양민을 학살했다. 전쟁 후에는 부정선거와 독재정권에 맞선 4·19의거, 5·18광주민주화운동에서도 수많은 자국민을 무자비하게 진압했다.

군사독재정권이 종식된 대한민국에서는 최근 세월호 참사, 이태원 참사와 같은 대형 인명사고가 발생하면 분열은 마치 정해진 수순처럼 일어난다. 또한 사회와 국가 발전을 저해하는 낡은 제도를 개혁하려고 하면 어김없이 진보와 보수진영 간 첨예한 대립과 비난, 갈등으로 분열된다. 이제 정치진영의 무분별한 분열은 당연한 일을 넘어, 만성이 되어 무감각할 정도가 되었다.

이와 같은 백해무익한 분열로 국가적 손실과 사회적 낭비가 계속 발생하지만, 손실과 낭비에서 줄줄 새는 부가물로 인해 이득을 취하는 곳도 존재한다. 이런 어처구니로 사회 안정이라는 명분을 내세운 정치권, 언론, 사회 집단에서는 또 다른 분열을 획책하기도 하고 제재하기도 하는 이중적 태도가 일상이 되고 있다.

5. 시민의식

01. 빗나간 교육열

   대한민국의 교육열은 세계 어디 내놓아도 뒤지지 않을 정도로 높다고들 한다. 하지만 지금과 같이 교육열이 지나칠 정도로 높아진 기현상은 그다지 오래되지 않았다.

   1970년대 이후 산업이 발달하고 경제적 여유가 생겨나고, 사회 전반에 걸쳐 다양한 인력이 필요하게 되면서 교육 기회도 당연하게 증가하게 된다. 이에 따라서 교육열도 자연히 높아졌다고 할 수 있다.

   한국은 해방 이후 한국전쟁과 미군정, 독재, 군사쿠데타 등등으로 1960년대까지 사회 전반에 걸쳐 대혼란기였다. 그 가운데 경제적 궁핍이 해결되기 시작한 것은, 안타깝게도 한민족을 식민 지배했던 일본의 배상금과 차관, 기술 등 여러 지원을 받기로 하면서 맺은 1965년 '한일 협정'부터이다.

교육열이 달아오른 것도 이때부터 비롯됐다고 할 수 있다. 1965년 이전에는 대학 진학률이니 뭐니 하는 정확한 교육통계조차, 조사할 여력이 없는 열악한 국가구조였다.

최초 법정 의무교육의 도입은 1948년 미군정 시절이었으나, 격동의 혼란기였기에 이마저도 유명무실하였다. 여러 혼란기를 거치면서 초등교육 무상의무화가 전면 실시된 것은 1990년대 이후이다. 그전까지는 지역별 차등이 있었고, 육성회비 등이 존재하였다. 그러다 보니 1950년대 초반까지 출생한 사람들은 교육의 혜택을 받지 못한 사람들이 부지기수였다. 당시의 제대로 된 교육통계가 존재하지 않음을 넘어 어처구니없는 허위, 날조된 문맹률 통계자료가 근래 공개된 바도 있다.

미군정 시절 최초 '문맹퇴치사업'을 벌였는데, '해방 당시 약78%(만 12세 이상 인구 10,253,138명 중 문맹자 7,980,902명)에 달했던 문맹률을 1960년에 28%로 낮추는 놀라운 성과를 거두었다.'16)는 누가 봐도 너무 부풀린 엉터리 수치를 국가기록원 자료라며, 2011년에 버젓이 보도

자료로 발표한 바 있다. 그 짧은 15년 세월에 문맹자 인구 50%를 문자 해득시켰다는, 기가 막히는 일을 정부 기관이 사실로 기록할 정도이니, 정부의 수준이 다 드러난 셈이다.

당시 문맹률 조사는 글을 모르는 사람들을 직접 확인 조사한 것이 아니라, 문맹퇴치사업에 일환으로 실시한 한글 교육에 잠시라도 참여한 모든 사람을 문자 해득자로 간주한 것이라고, 정부 측에서 시간이 많이 지난 후 시인하기도 했다. 당시 엉터리 조사를 버젓이 주관한 정권도, 기관의 담당자들도 모두 사망하거나 정년퇴직한 지 한참 후에 의미가 퇴색되고, 대중의 관심이 전혀 없을 때 해당 사안과 무관한 자들이 그렇게 실토한 것이다.

일반인들 간에서도 공과 사가 구분되는 사안에서는 거짓을 하면 안 되는 일이거늘, 하물며 정부가 교육에 관한 공식적인 발표를 엉터리로 하는 것을 재확인하니 안타깝기만 하다.

아무튼 현재에는 더 이상 문맹률을 공식적으로 조사하지 않지만, 아직도 70세 이상의 고령자들 가운데 상당수가 문자 해독에 어려움을 겪고 있다. 여러 단체에서 문맹의 고령자들을 대상으로 한글을 교육하고 있기도 하다. 그에

---

16) 행정안전부, 국가기록원 2011.04.11. 보도자료

더해 디지털 기기 사용 방법도 함께해야 하는 시대가 되었다.

지나친 교육열의 정책은 문맹률 수치도 부풀리고, 늘렸듯이 교육의 질보다 교육의 양을 우선시하는 나쁜 발전으로 이어졌다. 1980년대까지만 해도 대학 진학률은 30%가 채 되지 않아, 대학은 부러움과 선망의 대상이기도 했다. 그 당시만 해도 대학을 상아탑이라며 굳이 위상을 높여 부르기도 했다. 하지만 1990년대 이후 잘못된 교육정책 덕에 대학은 누구나 쉽게 갈 수 있는 교육현장으로 변해버렸다.

대개 교육은 백년지대계라고 하고 있는데, 이는 춘추전국 시대 제나라(기원전 1046년? ~ 기원전 221년) 재상 관중(管仲)이 《관자(管子)》에서 "한 해의 계획(一年之計)은 곡식을 심는 일이고(莫如樹穀), 십 년의 계획(十年之計)은 나무를 심는 일이며(莫如樹木), 평생의 계획(終身之計)은 사람을 가르치는데 있다(莫如樹人)."라고 한 말에서 인용한 것이라 한다.

2천여 년 전, 중국의 관중이 한 말을 마치 한국의 교육 지표처럼 자주 인용하지만, 정작 한국의 교육은 수시지대계(隨時之大計)이라 해도 결코 틀린 말이 아닐 정도로 자주 바뀐다. 한국의 교육정책은 정권이 바뀌면 바꾸고, 장관이 바뀌면 바꾸고, 때로는 학부모의 반발과 요구에 따라 수시로 바꾸는 미완의 실험 대상이 되어 버렸다.

앞서 잠시 언급했듯이 대한민국 교육정책의 최대 오류는 1990년대 그 서막이 오른다. 그때도 역시 새 정부가 들어선 후 교육정책의 대전환을 시도하게 된다. 잘못 끼운 첫 단추는 1994년 '교육개혁위원회' 설치였다. 그때부터 대학은 '자율'과 '경쟁'을 도입, 대학설립 요건을 완화하는 '대학설립준칙주의'도 도입하여, 대학을 아주 쉽게 설립할 수 있는 구조로 만들어 버렸다. 교육개혁법이 시행된 1996년부터 2011년까지 15년 동안 63개 대학이 우후죽순 들어섰다. 대학설립 완화로 인해 대학은 더 이상 학문을 탐구하는 상아탑의 현장이 아니라 학생을 끌어모아 대학 관계자를 먹여 살려야 하는 생계 수단의 직장이 되었다. 반면 학생들은 너나 할 것 없이 쉽게 대학에 진학하여 "몇 학번이야"를 질러 줘야 사람 대접받는 시절로 변해 버렸다.

학령인구의 감소 추이는 1960년대 도입한 산아제한 정책의 영향으로 70년대부터 감소의 효과가 나타났다. 90년대에 와서는 정책과 무관하게 다산을 꺼리면서, 학령인구 감소는 가속되었다. 하지만 대학은 하루가 다르게 새로 세워지고 있었다. 학교라는 수요와 학생이라는 공급의 불균형은 이미 예견되어 있었지만, 당시 대한민국은 오직 빛나간 교육열에 최선을 다하고 있었다.

수요와 공급의 과부하는 1996년 교육개혁법 시행 16년여 만에 바로 부작용으로 나타났다. 2012년에 와서 적정 학생 수를 채우지 못한, 즉 대학을 학생의 돈, 학비로 운영할 수 없는 부실대학이 나타났고, 부득불 해당 대학들은 단계별로 폐교 절차가 진행되는 실정이 되고 말았다. 자신의 대학은 부실대학이 아니라고 우기는 해당 대학 관계자들은 정부의 지원금을 요구하며 대학을 억지 운영하며, 자신의 생계 또는 호화생활을 유지하고 있는 것이 현실이다.

위와 같이 단지 높은 교육열을 충족시키려는 의도인지, 아니면 교육을 빙자한 개인사업을 늘리기 위한 목적인지, 1990년대 중반 대학개혁법을 추진한 당사자들의 속마음은 확인할 방도는 없다. 그 잘못된 그들의 교육정책 덕에 낮아진 대학 문턱으로 누구나 아주 쉽게 대학을 진학할 수 있는 나라가 되기는 하였다. 1996년 교육개혁법이 시행되기 전에는 대학 진학률이 30% 정도였고, 70년대까지만 해도 대학 진학률의 정확한 조사 자료도 없었던 시절이었다. 그랬던 한국의 대학 진학 수준이 2000년대 이후부터는 줄곧 70%를 넘었고, 2008년에는 83.8%의 경이로운 대학 진학률을 보이기도 했다.

대학의 수가 폭증한 만큼 대학원의 수도 증가하여 석박사도 쏟아져 나왔다. 그에 따라서 석박사 논문도 넘쳐났고, 이제 더 이상 논문은 학문의 연구 결과가 아닌 표절,

짜깁기, 매매, 대필이 관행이 될 지경에 이르렀다. 그리고 더 이상하고 안타까운 것은 표절된 논문조차도 거의 문제 삼지 않는 경우가 많아졌다는 것이다.

다만 정말 재수 없는 유명인이나 기획사와의 갈등 혹은 불미스러운 일이 발생한 석박사 출신 연예인, 선거철 특정 후보자들, 고위직 청문회 시기 등에 주요 언론사에서 지속으로 보도하게 되면 표절 등의 논문 당사자만 잠시 고초를 겪을 뿐이다.

지금 한국의 교육계에서는 과학기술, 예체능을 직접 습득하고, 숙련시키고 축적해서 유형적 결과물을 생산하는 것을 그다지 중시하지 않는다. 오로지 논문을 표절하던 대필, 짜깁기해서라도 문장화하는 것을 우선시하는 것이, 대체적인 대한민국의 석·박사 학위 취득 및 교육 개념이 되고 있다.

우리나라는 기록의 나라라고 선전하고 자부하기도 한다. 수많은 역사기록물이 있지만, 그중 표본으로 조선왕조실록, 승정원일기 등을 꼽는다. 이 두 기록물은 세계기록유산으로 등재되어 있기도 하다.

『태조실록 7권, 태조 4년 6월 9일 신미 1395년 명 홍무(洪武) 28년.

임금이 당나라 태종의 고사(古事)를 본받아 즉위(卽位)

이래의 사초(史草)를 보려고 하니, 대신이 상언(上言)하여 옳지 못하다 하고, 대간(臺諫)에서도 또한 상서(上書)하여 옳지 아니하다고 하였으므로, 임금이 이에 따랐다.(上以唐太宗古事, 欲鑑卽位以來史草, 大臣上言不可, 臺諫亦上書言之, 上兪允。)』

위는 태조 이성계 시절부터 임금이 실록 보는 것을 금기하게 된 시작점이 된 내용이다. 위 언급했듯 중국왕조는 상왕의 기록을 열람했고, 가끔 사초를 참고하며 정책을 수립하기도 했다.

조선조 500년 동안 임금은 물론 그 누구도 실록을 절대 볼 수 없었다. 혹여 임금이 선대의 왕들은 어떻게 난국을 극복하고, 정책을 수립했는지 알아보려고 실록을 볼라치면 임금과 신하, 사관 간 알력은 물론 분쟁까지 일어나기도 했다. 하지만 그 천하의 금기 기록물 열람 해제는 어처구니없게도 일본제국에 의해 깨지고 만다.

일본제국은 조선의 여러 곳에 분산된 실록을 끌어모아 경성제국대학 도서관에 두고 일본인들 마음대로 열람하였다. 그것도 부족해 오대산본을 일본 동경대 도서관에 가져가 일본인 마음대로 조사 연구하기도 했다. 일본으로 간 실록은 여러 권이 소실되었고, 나머지 일부는 2006년에 반환받기도 했다.

임금도 보지 못하고, 아무도 보지 못했던 조선왕조실록은 일제에 의해 너덜너덜해진 후 지금, 이 시대에는 누구나 인터넷을 통해 원문과 번역문을 볼 수 있는 대중의 기록물이 되었다. 조선왕조실록이 그랬듯 조선조 동안 기록만 충실히 했지, 숨겨 놓고 활용을 전혀 하지 않는 보관물 취급을 하였다.

지금 우리나라에는 석박사가 넘쳐나고 있지만, 인류 문명의 발전에 기여도가 높은 사람에게 수여하는 세계에서 가장 권위 있는 노벨상 수상자는 없다(노벨평화상은 제외).

한국사회에는 대학교수 또는 과학자들은 과학기술 발전을 위해 장기간에 걸쳐 꾸준한 노력으로 결과물을 만들어 내는 것보다 1년 아니면 짧은 기간 내 빨리빨리 논문을 발표해야 하고, 또 제출을 종용하는 형태이다. 그래야만 놀지 않았다는 것이 증명되고, 연구 성과도 인정받아 연구비도 수령 받게 되기도 한다. 그러다 보니 허접한 논문이 나오고, 짜깁기니, 참여하지도 않은 논문에 공동 저자로 기재 되는 등의 일도 생긴다. 논문의 실효성보다 기간 내 발표와 제출을 중요시하다 보니, 좋지 않은 논문이 나올 확률이 더 높아지는 일부 원인이 되기도 한다.

조선왕조실록에서 보듯 기록만을 중시한 것과 같이 넘쳐나는 논문들을 누가 읽고 어떻게 활용하는지는 상관하지 않는다. 표절이든 가짜든 그저 기계로 찍듯 생산만 하면, 그 몫을 다했다고 보는 것이 한국 교육의 현실이다.

　빗나간 교육열은 이 시대 갑자기 생겨난 것은 아니다. 조선 후기에는 문맹자들도 돈으로 또는 뒷문으로 양반족보를 사서 누구나 쉽게 양반이 되어 서로 '이양반 저양반' 하며 삿대질하던 시절이 있었다. 지금 한국사회에 대학이 넘쳐나는 것도 조선조 후기 누구나 쉽게 양반이 되었던 때와 별 다를 바 없다.

02. 교육 방식

　1990년대부터 마구잡이 대학설립 덕에 2020년대 이후 대한민국 청년(25~34세) 10명 중 7명이 대졸자가 되었고, 성인(25~64세) 10명 중 5명이 대학 이수자인 고학력 국가가 되었다. OECD(경제협력개발기구) 회원국 38개국 중에서 대졸자 비율이 전 국민의 50%가 넘는 나라는 한국(50%)을 포함해 캐나다(59.4%), 일본(52.7%), 룩셈부르크(51.6%), 이스라엘(50.2%) 등 5개국이다. OECD 회원국의 고등교육 이수율 평균은 39%다.

　2020년까지의 기준으로 위 고학력 5개국만 비교하자면, 캐나다는 노벨상 수상자가 27명이고 일본은 28명, 룩셈부르크는 2명, 이스라엘은 12명, 한국은 비 학문 분야인 평화상 1명이다.[17] 그리고 전 세계에 분포된 이스라엘 민족 유대인은 역대 노벨 수상자 중 20~30%를 차지하고 있다.

또한 유대인들은 미국 최고 명문대 아이비리그(Ivy League: 하버드, 예일, 프린스턴, 펜실베이니아, 컬럼비아, 코넬, 다트머스, 브라운 대학교) 학생의 23%, 세계 유수 대학 교수진의 30%, 매년 미국 기부의 45%, 그리고 미국 억만장자의 40%를 점하고 있다.

반면 한국사회는 고학력, 대학 졸업자만 즐비했지, 전혀 실속이 없는 교육이 이뤄지고 있다는 것이 노벨상을 포함한 다른 분야에서만 봐도 충분히 비교, 확인되고 있다. 단지 노벨상 수상자 수로 국가경쟁력을 가늠하는 것은 다소 편협한 시각이라 할 수 있겠다.

하지만 결과적으로 노벨 수상자가 많은 국가는 선진국들이고 강대국들이다. 그들은 경제적, 군사적으로 국제사회에서 제 목소리를 분명히 내는 나라들이며, 국가 간 어디에도 종속되지 않은 자존감이 강한 나라들이다.

한국의 교육계 등은 노벨 수상자가 가장 많이 배출되고 있는 유대인의 교육 방식을 부러워하며, 자주 거론하곤 한다. 각 대형 서점가에는 유대인에 관련한 교육 방식, 공부법, 탈무드 등 유사 서적들이 수십 종류가 넘게 진열되어 있다. 유대인 관련 서적들이 많다는 것은 그만큼 배울 점이 많고, 닮고 싶다는 방증이기도 하다.

---

17) 노벨사이언스. 2020.10.05

서점에 포진된 유대인 교육법의 서적은 내용이 거의 비슷하다. 왜냐하면 그들의 교육법은 한국의 대학입시 위주가 아니기에 수시로 바꾸거나 개발되지 않고, 전통적으로 계속 이어져 오는 것이기 때문이다. 다만 저자의 기술 기법에 따라 조금씩 차이가 있을 뿐이다.

한국의 교육학계 등에서 유대인의 교육 방법, 특히 하브루타(havruta:질문하고 대답하고, 토론하는 공부 방식) 등을 한국의 학생들에게 적용하여 수업을 진행하고 연구 조사하였다고 한다. 하지만 안타깝게도 유대인과 같은 창의적이고, 진취적 결과물을 도출하기에는 한계가 있었다고 한다.

유대인의 실생활에서는 밥상머리에서 부모와 자녀 간 대화를 나누는 것이 일상화되어 있다고 한다. 반면 한국 가정의 밥상머리에서는 쩝쩝 소리 내지 말고 먹어라, 밥을 먹을 때는 말을 하지 말라는 등의 잔소리와 묵언을 강요한다.

유대인의 부모는 자녀에게 학교에서 무엇을 질문했느냐는 창의적 발상을 일깨우는 말을 하고, 한국의 부모는 자녀에게 선생님 말씀 잘 들어라, 학교에서 무엇을 배웠냐며 복종과 감시적 말을 한다.

한국에서는 과학을 중점적으로 가르치는 특수목적고인 과학고등학교가 1983년부터 설립되기 시작하여 2022년 현재 전국적으로 20여 개교가 있다. 과학영재들을 모집하여 학교를 운영하면 수지맞는 장사라는 게 소문났는지, 여기저기서 국회의원들을 로비하여 2000년 영재교육 진흥법이 제정된다. 물론 과학 발전이라는 원대한 목표를 기본 설정으로 두었다.

이후 어김없이 영재 학원들이 생기고, 영재교육진흥원도 설립되어, 영재 양성이라는 명분을 내세워 여기저기서 든든한 돈벌이를 하고 있다. 수재, 영재들만 갈 수 있는 과학고이다 보니 옛 실업계, 요즘은 특성화 고등학교라 불리는 학교들도 '과학'이라는 근사한 명칭을 흔하게 교명으로 사용하기도 한다.

세상사 모든 일이 일사불란하게 이루어지지 않기에 과학고 학생들이 대학의 과학 관련 학과로 진학하지 않지도 도리가 없다. 그러다 보니 과학과 무관하게 진로 변경하여 의대 등으로 진학하는 학생들이 매년 속출하고 있는 것이 현실이다. 과학고는 공립학교이고 전원 기숙생활이다. 학생 1명에 대한 구체적 학업 지원비 공개는 없지만, 개인 생활비 외는 정부가 지원하고 있다.

과분한 지원을 받고 대학을 진학한 그 영재들은 대학을 졸업하고, 사회에 진출한 후 국가에 얼마나 기여하고 있을까? 국가로부터 지원받은 금액만큼 사회와 국가에 환원은 제대로 되고 있을까 궁금하기도 하다. 국가로부터 지원을 받은 그들에 대해 사회진출 이후의 행적을 일일이 추적 조사한 연구는 아직 없다.

과학고, 영재학교, 나아가 외국어고까지 설립을 추진한 후 전국의 수재들을 모집하여 명문대 진학을 중점과제로 삼는 것이 대한민국의 교육방침이다. 그들 수재, 영재들이 입학한 명문대는 국공립, 사립과 무관하게 각 대학이 정부 지원금을 한 해 1천5백억 원을 넘게 받는다. 나머지 대학은 한 해 100억 원대 정도이거나 이하이다. 좋은 대학 하나만 가지고 있으면 돈이 저절로 쏟아지는게 대한민국의 교육계이다. 돈이 몰리는 곳에는, 검은 손들도 덩달아 모이듯 돈을 두고 잔치도 하고 싸우는 여러 사학재단은 한국 교육계의 어두운 모습이자, 그들에게는 당연한 일상일 뿐이다. 정부에서는 대학과 교육 현장에 돈을 쏟아붓는데도 그 결과는 각 개인의 만족으로 끝이 난다.

국가 지원금이 상당히 소비되는 과학고, 영재학교, 나아가 외국어고까지 설립하여 전국의 영재들을 모집하여, 과학 발전과 진흥에 연관되는 과학계열학과 진학보다 의대 등 비과학계열학과 진학에 중점을 두는 듯한 불명확한 태도가 대한민국의 교육계가 된 듯하다. 정부의 교육계 종사자들은 각 대학에 분배되는 지원금을 충실히 사용하려고 해도, 뒷배가 든든한 사학재단의 입김에는 속수무책이 된다.

한편 올곧은 대학에서 정부의 지원금으로 과학계열의
고급 인력을 양성해 해외 유학까지 보내주면, 이제 인재
당사자가 국가와 대학을 등지고, 유학 간 국가에 정착하는
사례도 종종 있다. 그런 당사자들은 국내에서는 자신의 과
학기술을 발휘할 여건이 돼 있지 않아서라고 변명한다. 과
학 인재들이 국내로 복귀할 수 있는 과학 환경 조성도 필
요하겠지만, 그와 달리 국내로 복귀하여 과학계에 종사하
는 사람들도 상당수가 존재한다.

국내의 과학기술이 예전과 달리 엄청난 발전을 이룬 것
은 사실이다. 아쉽게도 겉으로 드러나는 모습과 다르게 실
질적 측면에서 보면 휴대전화, 반도체, 자동차, 선박, 항공
등 다양한 기기들의 핵심부품, 원천기술들은 여전히 일본,
미국 등 다른 나라에 의존하고 있는 것이 현실이다.

교육계나 학계에서는 교육 방식의 개선으로 과학 발전
을 진흥시키려고 많은 연구와 노력을 했다. 앞서 언급한
바 있듯이 유대인의 하브루타 방식으로 실험 학습도 시도
하고, 논문도 여러 편 발표했다. 하지만 그 결과는 매우
아쉽게도 원하는 만큼의 성과를 도출하지 못했다.

유대인들의 가정에서는 다양한 생각과 창의적 사고를
부모와 공유하며 성장한다면, 한국에서는 유사한 생각과
협의적 사고로 부모의 기대를 저버리지 않는 사람이 되기
를 바라며, 자식은 은연중 그렇게 되기를 노력한다. 또한

부모의 심경을 헤아리고 따름이 올바른 자식의 도리이며, 효로 인식한다.

아무리 특출한 영재들이라고 하더라도 위와 같은 가정교육과 닫혀 있는 사회적 구조에서는 창의적 발상이 발휘되기에는 한계가 있다. 대한민국의 교육정책은 대학입시 우선이다. 얼마나 많은 고등학생이 대학에 진학하고, 어떤 대학을 졸업하느냐가 관건이다. 학생들은 대학만 진학하면 엄격한 규제 없이 졸업이 되고, 일부 대학원에서는 논문을 표절해도 느슨하게 대처하기 일쑤이다.

현 한국의 교육정책은 학생의 대학 진학까지만 관여할 수 있다. 대학생에게는 어떤 방식으로 졸업을 하던, 석박사 논문을 표절하던, 어찌했던 규제가 거의 불가하다. 위에서 잠시 언급한 바 있듯이 명문대, 수도권 대학, 그리고 정치세력, 부패세력 등과 든든한 연줄로 엮어있는 대학에게 푸짐한 지원금을 보내드리는 역할이 대한민국의 최고 교육행정이다.

이러한 대한민국의 교육 방식과 구조에서는 혁신적이고 창의적인 과학기술이 탄생할 수가 없고, 그에 수반되고 결과물인 노벨상은 언감생심이다. 중국과 일본에게 늘 침략과 식민 지배를 겪어야 했고, 공물과 공녀를 갖다 바쳐야 했던, 국가적 치욕을 더 이상 당하지 않으려면 교육의 사고방식부터 고쳐야만 한다.

03. 세대 갈등

　한국사회에서는 유독 나이에 민감하다. 나이 순에 따라 서열을 정하기도 하고, 나이가 한 살이라도 어린 사람이 윗 사람에게 반말을 하게 되면 시비거리가 되거나 분위기 어색해지기도 하고, 싸움으로 번지기도 한다. 이럴 때 주로 장유유서를 들먹인다. 장유유서는 유교의 교리를 기반으로 나온 삼강오륜 중 하나로 중국의 공자, 맹자로부터 비롯된다. 그리고 한국어는 영어, 중국어 등과 달리 존대어가 있기에 반말에 대해 매우 민감하기도 하다.

　근래 여러 설문조사를 보면 현재 한국인들은, 식민 지배를 한 일본보다 중국을 더 비호감으로 여기고 싫어하는 것으로 나타나고 있다. 한국인 사이에 비호감이 날로 더해지는 중국이지만, 아이러니하게 중국의 유교 교리를 여전히 중시하고 있다. 그중 하나인 장유유서가 뇌리에 각인되어 나이를 따지기에 주저 없다. 대개 나이를 먼저 거론하는 쪽은 연장자이거나 서열을 확실히 정리하고 싶은 사람들이다. 혹여 자신이 연장자이면 우선권을 차지하고 싶고, 대접을 받으려 함도 있다.

한국사회에서는 굳이 나이를 따지려고 하고, 나이로 서열을 정하려고 애쓰는 것은, 유교적 개념이 뿌리 깊이 박혀 있는 것이 큰 몫을 차지한다. 하지만 유교의 종교적 의미가 사라진 것은 일제강점기이고, 이미 100년도 더 지난 흔적에 불과하다. 유교의 자리에 이미 다른 종교들이 득세하고 있는데도, 한국인의 정서에는 중국 공자에서 비롯된 유교의 정신을 유지하려고 하는 모순을 가지고 있다.

나이와 장유유서를 중시하는 정서가 사회 전반에 내재되어 있지만, 학교, 특정 모임 외 실제 직장 및 사회생활 등에서는 나이에 관한 서열은 거의 지켜지지 않는다. 나이로 직급을 정하는 것도 아니고, 낯선 사람에게 일일이 나이를 거론할 수도, 필요도 없는 것이 현실의 삶이기 때문이다. 연장자는 연소자에게 나이의 덕을 보려고 하지만 연소자의 생각은 다를 수 있다. 연장자를 존중하지 않는 연소자가 다른 집단, 장소, 세월의 변화에 따라 연장자가 되어, 대접을 받으려는 입장도 되기 때문에 상호 나이 관념이 일관될 수가 없다.

나이로 서열을 정하고, 장유유서를 지키거나 그렇지 않

거나는 시대와 무관하다. 이는 연장자와 연소자 사이의 문제가 아니라 각 개인의 심성과 배려심, 더 나아가 희생정신도 갖추고 있어야만 지켜지고, 상호 질서가 세워질 수 있다.

근래 한국사회에서 유독 심하게 불거진 세대 간 갈등 현상은, 과거에는 거의 존재하지 않았던 것처럼 호도되는 경우가 있다. 과거에는 즉 80년대 이전에는 거의 모두가 가난했기 때문에 세대 간 갈등 요소가 지금보다 많을 수가 없었다. 2000년대 이후 경제가 급속한 성장을 이룬 상태이지만, 사회 전반에서 보면 매우 편파적이고 불균형적으로 발전한 면이 많다.

도시와 농촌, 수도권과 비수도권, 대기업과 중소기업 등 각 지역, 단위마다 소득격차가 벌어지는 소득 불균형과 지역 간 불균형으로 기형적 발전이 심각해졌다. 이에 더해 대학 진학을 최우선으로 하는 교육정책으로 2000년대 이후 대학 졸업자가 넘쳐났다.

이런 부작용으로 소위 대졸자들은 몸을 써야 하는 일이나 기술직을 외면하고 사무직, 대기업, 공무원이 되는 것이 인생 최대 목표가 된다. 이로써 한국사회는 몸을 써야 하고, 기술을 습득해야 하는 직종에는 외국인 노동자들의 몫이 되어 버렸다. 아니 외국인에게 많은 일자리를 내줬다거나 빼앗겼다고 해야 더 정확한 표현으로 보인다.

선진국에서도 오래전부터 몸을 많이 쓰는 3D 직종에는 외국인 노동자들이 주류를 이루고 있다. 이는 전혀 특이한 일이 아니고 이미 고착된 사회현상이다. 하지만 선진국들은 많은 분야에서 핵심기술과 원천기술, 첨단기술들을 보유하고 있고, 외환보유고마저 높아 경제의 기반이 흔들릴 소지가 저개발국가들보다 훨씬 적다.

이에 비해 한국사회는 지하자원이나 원천기술 등등 전반에 걸쳐 외국 의존도가 높다. 그러므로 사람이 가장 중요한 자원임은 누구나 알고 있지만, 고급인력자원, 인재양성이 결코 쉬운 일만은 아니다. 상술했듯 1980년대 중반을 기점으로 인적자원에 필요한 새로운 인구는 감소하고, 인적자원에서 제외되는 고령인구가 많아지는 기현상이 발생하고 있다.

2023년 기준으로 65세 이상의 노령인구가 전체 인구의 18%를 차지하고 있고, 2025년에는 20%에 도달할 것으로 통계청은 예측하고 있다. 1980년대 중반부터 한 가정에서 한두 명의 출산으로 감소했다가, 지금은 합계출산율이 1명도 채 되지 않는 실정이다. 80년대부터 태어난 아이들은 1995년 대학설립 완화정책 덕에 대학이 곳곳에 생겨나면서 그들 10명 중 7~8명이 대학생이 된다.

그 반면 고령인구(65세 이상)의 학력은 2020년대 기준으로 10명 중 1~2명 정도가 대졸자이고, 연령대가 높을수록 무학자, 문맹자의 비율도 높다. 적지 않은 고령자들은 일정한 수입이 없거나 있어도 적으며, 보유한 개인재산도 넉넉하지 못해 경제적으로 궁핍하다.

이런 와중 2010년대 이후 스마트폰 등 자동화 기기가 사회 전반을 파고들면서 고령자들은 일상생활에서 더 불편하고 소외되는 현상이 발생하게 된다. 예전에는 사고방식만이 젊은 세대와 차이가 있었다면 이제는 전자기기, 기계문명에서도 엄청난 격차가 벌어지는 시대가 되었다.

같은 시대에 살면서 한 공간에서조차 서로 다른 생활방식을 취하고, 어떤 경우에는 각기 다른 공간만을 고집하며 서로 회피하려는 것이 현재 대한민국의 각 세대의 현상이다. 젊은 세대는 나이 든 세대를 이해하려고 하지 않고, 나이 든 세대는 새로운 전자기기 활용에 서툴거나, 학습을 꺼리면서 상호 괴리감은 깊어진다.

전자, 기계문명이 급속도로 발전하면서 세대 간 갈등의 폭도 넓어졌다. 세대 간 서로 공감하며 함께하는 문화나 놀이를 찾기가 쉽지 않다. 누구나 함께할 수 있는 축구장 관중을 일례로 보면 유럽 등은 남녀노소를 가리지 않고 경기장을 찾아 자신이 좋아하는 팀을 응원하고 환호하고 즐긴다. 젊은 층의 남성들이 당연히 많기는 하지만, 노소를 구분 짓지 않고 모두가 뒤섞여 관전하고 축구에 빠져든다. 이와 달리 한국의 축구장에는 거의 젊은 층이 진을 치고 있다.

　한국 축구 K-리그의 응원문화는 관중의 수가 적은 것도 문제인데, 그 안에서 소속 회원들과 일반 관중이 섞이지 않고 따로따로 같은 팀을 응원하는 묘한 분위기가 일상처럼 연출되고 있다. 축구 전용경기장은 평균 4만 명 이상 수용할 수 있는 공간인데, 관중의 평균수는 5천~8천여 명으로 매년 들쭉날쭉 그 차이가 크다. 관중도 주로 수도권 팀에 집중되어 있다.

　단지 축구의 예를 들은 것이지만, 다른 스포츠도 마찬가지로 관중 숫자나 관심도는 당시의 이슈에 따라 차이가 매우 크다. 그리고 한국에서는 어느 스포츠이든 입장권을 구매해서 경기장을 직접 찾아가는 열성 팬심의 유지 기간도 비교적 짧다.

　위와 같이 경기장을 찾고 응원하는 다 같은 팬이라도 회원과 비회원으로 나누어 자신들만의 울타리를 치고, 벽을 쌓기를 주저하지 않는 것이 한국의 독특한 응원 행태이다. 비단 축구뿐만 아니라 여타 분야와 공간에서도 세대 구분 없이 함께 어울리려는 마음의 자세가 부족한 면이 자주 나타난다. 이런 현상은 일상생활에서도 그대로 연결되고 있다. 앞서 '교육 방식편'에 언급했듯 한국의 부모들은 밥상머리에서 자식과 허심탄회한 대화를 주고받기보다 훈육과 침묵이 관습처럼 되어 버렸다. 그 여파는 부모, 자식의 어색한 유리벽이 사회로 나아가 세대 간 구분이 익숙해지는 것으로 발전하게 되는 것으로 보인다.

세대 간 또 다른 갈등의 불씨가 되고 있는 경로우대제도는 1980년에 만 70세 이상을 대상으로 시행되다가 1984년에는 만 65세부터 지하철 무료승차가 가능하도록 변경된다. 1980년도에 만 65세 이상의 인구는 전 국민의 3.8%, 1985년에는 4.1% 수준이었다. 당시 '65세 이상 지하철 무료'가 국민복지를 위한 행정이라고도 할 수도 있겠지만, 40년이 지난 지금은 2023년 기준으로 65세 이상 인구는 전체 인구의 18% 정도이다. 지하철 무료 가능 인구가 100명 중 18명이 되며, 이도 계속 증가 추세이다. 80년대 당시에는 좋은 정책이었을 수 있지만, 세월이 지나면서 오히려 독이 되고 말았다. 세월이 흐르면 무엇이든 변하기 마련이고, 상황에 따라 적절한 시기에 법이든 정책이든, 제도이든 바꾸어야 한다. 하지만 풀기 어려운 여러 이해관계가 얽혀 있으면 사소한 것도 손대기가 쉽지 않은 일이다.

매 선거철이나 사회적 문제가 불거질 때마다 정부에서는 무료 지하철도 노인복지에 하나라며 억지 정당성을 내세워 비난의 화살을 피하려 한다. 또한 선거의 당락이 걸려 있는 민감한 사안이라 누구도 선뜻 나서 지하철 무료 문제를 해결하려고 하지 않는다. 어차피 공돈으로 메꾸는 일인데 괜한 총대를 멜 필요가 없다는 것이다.

2022년 통계청의 조사를 기반으로 다시 언급하면 65세 고령인구는 901만 8천 명으로 전체 인구의 17.5%가 된다고 한다. 2020년 기준 선거유권자 수가 4천 399만 명이라고 발표했다. 그러면 65세 이상 인구는 전체 유권자의 20% 이상이고, 투표 참여율마저 높다. 선거철이면 대개 3, 40대 유권자의 투표율이 30~40% 정도이고, 6, 70대는 평균 70%를 넘긴다. 또한 80대도 50%를 넘는 투표율을 나타내고 있다. 80대를 제외하고, 각 연령대가 투표율이 되는 현상이 선거마다 나타나고 있다. 이러니 지하철 무료 연령대 조정을 논하기가 매우 부담될 수밖에 없다.

지하철 경로우대 정책이 복지 정책이라고 하면, 지하철을 이용할 수 없는 지역에 거주하거나 탑승하지 않는 사람에게는 지하철 이용료에 상당하는 현물 등을 지속으로 지급해야, 공평하고 정당한 노인복지가 된다. 선거철에 자신을 지지하는 표가 날아갈까 싶어 손도 대지 못하는 계륵이 된 이 정책은 지하철 운임에 관해 사회적 불행한 대사건이 발생하지 않는 이상 바뀌기가 어려워 보인다.

넘쳐나는 노인인구가 공짜 지하철을 이용하며 가볍게 유랑을 즐기는 것으로 마무리가 되면 세대 갈등, 사회 갈등이 조금이나마 줄어들 수 있다. 하지만 공짜 이용객들이 지하철에서 눈살 찌푸려지고 볼썽사나운 행동들을 부리기 때문에, 때만 되면 비판의 대상이 되고, 도마 위에 오르는 것이다.

노령층을 비난했던 세대들이 세월이 흘러 자신이 노령층이 되면, 본인이 싫어하고, 비난했던 노인의 행동들을 그대로 하게 된다. 물론 노령층을 비난하지 않고, 또 노인이 되어도 올바른 행동을 하는 사람들도 많기는 하다.

사회 곳곳에 세대 갈등을 부추기는 요소는 곳곳에서 도사리고 있다. 시민들 간 서로를 이해하지 못하고, 행동거지에 마음을 놓으면 갈등이 커지는 것은 피할 수 없는 노릇이다.

04. 방화(放火)

2008년 2월 10일 일요일 밤 9시경, 그날은 한민족의 전통 설 명절 연휴 5일째, 긴 휴식이 끝나는 저녁 시간이었다. 갑자기 주요 방송사 TV 화면 하단 자막에서 '속보 숭례문 화재 발생'이 간헐적으로 나타나다가 9시 뉴스에 잠시 보도가 되기도 했다. 일부 언론에서는 그때까지만 해도 대단히 긴급한 상황은 아니라고 판단한 것일 수 있었다.

하지만 뉴스 전문채널에서는 당시 화재 상황 전반을 초기부터 생중계하였다. 뒤늦게 화재의 심각성을 알고 주요 방송사들도 생중계했다. 그 시간 거의 모든 한국인은 국보 1호 숭례문이 처참하게 불타는 것을 TV를 통해, 또는 직접 목격하였다.

TV로 봤을 때 소방관들은 우왕좌왕하면서, 불타는 숭례문을 향해 물만 뿌려대고 있었고, 시간이 지나면서 진화의 효과는 전혀 없이 누각은 처참하게 불타 무너져 내렸다.

숭례문을 국보 1호라고 관리번호를 최초 정한 것은 일본제국이다. 관리번호의 생성과정은 차치하고, 어쨌든 국보 1호라 함은 철저한 관리지침이 있어야 했음에도 불구하고 전혀 그렇지 못함이 여실히 드러난 수치스러운 사건이 그날 벌어지고 말았다.

사건 발생 후 언론 등을 통해 보도된 내용을 보면, 숭례문 화재 신고가 즉각 이루어졌고 소방차도 이내 도착했다고 한다. 하지만 초기대응을 적극적으로 하지 못했다. 초기 화재진압 실패 원인은 문화재에 화재가 발생하면 훼손의 우려로 화재진압 전에 문화재청의 허가를 득해야 했고, 허가받은 후엔 문화재 훼손을 최소화하며 진압해야 한다는 것이었다. 문화재가 불에 의해 소실되는 것은 괜찮지만, 소방관이 화재진압 시 문화재를 훼손하면 안 되는 웃지 못할 법이 존재하는 줄은 그때에야 많은 사람이 알게 되었다.

화재진압 실패와 원인을 보면 첫째, 소방방국의 어이없는 준법정신과 둘째, 국보 1호를 서류상 관리 대상에만 올려놓는 문화재청, 셋째, 국보 1호 숭례문을 누구나 출입 가능하도록 변경하며 허술하게 관리한 서울시, 그리고 마지막으로 가장 사악한 방화범 등의 합작이었다. 이렇게 해서 2008년 설 연휴 마지막 날 거의 모든 국민이 국보 1호 숭례문이 불타는 모습을 망연자실 지켜보게 되었다.

천인공노할 방화범은 숭례문에 무단침입하여 불을 질러도 되고, 소방당국은 그 불을 눈앞에 두고도, 끄려면 문화재청의 허가를 받아야 하는 기가 막히는 일 벌어진 것이다. 사건 발생 며칠 후 방화범을 잡고 보니 70대 남성으로 자신의 토지보상 문제로 불만을 품고 숭례문에 불을 질렀다고 했다. 지극히 개인적인 일로 국가의 최고 상징물을 파괴하겠다는 발상 자체가 정상인으로서는 도저히 이해되지 않는다.

불행한 일이지만 어떤 사회에서든 방화를 무기로 특정인 또는 불특정 다수를 죽음으로 모는 크고 작은 사건들이 드물게 발생하고 있다. 하지만 개인적인 불만으로 국보 1호를 너무 쉽게 불을 지르는 놈이나 그 불을 끄지 못하는 소방 및 관계 당국도 개탄스러운 노릇이다. 한국사회에서는 비일상적인 대형재난이 발생하면 관계 당국은 혼돈에 빠져 적극적이고 체계적인 대응보다 지휘권, 책임소재, 관할권, 우선권 등등을 따지기 바쁘고, 우왕좌왕 허둥지둥대는 모습을 적지 않게 목격하게 된다.

위와 같은 일들은 비단 소방 및 관계 당국에만 국한된 것이 아니라 대중들의 일상생활에서도 비슷하게 나타나고 있다. 유사시를 대비하여 민방위·소방 등등의 교육이나 훈련하는 것을 매우 귀찮게 여기고 건성으로 임한다. 교육은 대충하는 것이 미덕이고, 훈련은 생략하면 미담이 될 정도이다.

사회 저변에 깔린 재해·재난 대응의 무신경으로 인해 작은 사고가 대형 사고로 확대되는 경우가 적지 않다. 일반 범죄자들도 대부분 재범률이 높고 범죄를 저지르는 놈이 또 범죄를 저지르는 것은 모두가 아는 사실이다. 방화범도 마찬가지로 불을 질러 본 놈이 또 불을 지른다고 한다. 일반 범죄자들의 재범률을 대개 60% 내외로 보는데, 방화범들의 재범률은 이를 상회한다고 한다. 방화범은 범행 수법과 대상물만 다를 뿐 일반범죄자와 다를 바 없는데도 불구하고, 처벌도 약하여 잡은 놈을 또 잡는 악순환이 반복되고 있다.

숭례문 방화범 검거 후 밝혀진 또 다른 기가 막히는 일은, 숭례문 방화하기 2년 전인 2006년에 창경궁을 불 질러 집행유예를 받은 전과가 있었다는 것이다. 조선조의 궁전을 불 질렀는데도 집행유예이니 무슨 말을 해야 할지 모를 정도의 법 수준이다. 방화범들 입장에서는 매우 적합하고 옳은 징벌 수위이며, 방화에 대한 죄책감마저 들지 않게 해주는 법 체제이기도 하다.

위 방화범은 조선조의 궁궐을 불 지르고도 거의 무죄와 같은 판결을 받았는데, 지금의 법 체제와 무관하게 실제 조선조 500년 동안 궁궐의 화재는 가끔 발생한 것으로 기록되어 있다. 궁인들의 부주의에 의한 실화도 있었고, 불만을 품은 자의 방화 역시 있었다.

가장 어처구니없는 조선 궁궐 화재 사건은 임진왜란 당시였다. 1592년 4월 14일 부산을 침공한 왜군은 보름여 만에 남부지방을 거의 함락시킨다. 이런 풍전등화와 같은 전황을 들은 선조와 조정은 백성과 궁궐을 버려두고 4월 30일 황급히 피난길에 오른다.

국가에 위기가 닥치면 국가의 구성원 모두가 똘똘 뭉쳐도 모자랄 판에 임금은 신하들을 대동하고 피난하기 급급했다. 백성들은 백성들대로 혼란을 틈타 자신의 욕심을 채우기에 혈안이 되었던 것이 현실의 임진왜란이었다. 실록에는 다음과 같은 내용이 있다.

『선조수정실록 26권, 선조 25년 4월 14일 계묘 1592년 명 만력(萬曆) 20년 도성의 궁성에 불이 나다.

도성의 궁성(宮省)에 불이 났다. 거가(**임금의 수레**)가 떠나려 할 즈음 도성 안의 간악한 백성이 먼저 내탕고(內帑庫)에 들어가 보물(寶物)을 다투어 가졌는데, 이윽고 거가가 떠나자 난민(亂民)이 크게 일어나 먼저 장례원(掌隷院)과 형조(刑曹)를 불태웠으니 이는 두 곳의 관서에 공사 노비(公私奴婢)의 문적(文籍)이 있기 때문이었다. 그리고는 마침내 궁성의 창고를 크게 노략하고 인하여 불을 질러 흔적을 없앴다. 경복궁(景福宮)·창덕궁(昌德宮)·창경궁(昌慶宮)의 세 궁궐이 일시에 모두 타버렸는데, 창경궁은 바로 순회 세자빈(順懷世子嬪)의 찬궁(攢宮:관(棺)을 안치한 곳)이 있는 곳이었다. 역대의 보완(寶玩)과 문무루(文武樓)·홍문관에 간직해 둔 서적(書籍), 춘추관의 각조 실록(各朝實錄), 다른 창고에 보관된 전조(前朝)의 사초(史草),【《고려사(高麗史)》를 수찬할 때의 초고(草稿)이다.】《승정원일기(承政院日記)》가 모두 남김없이 타버렸고 내외 창고와 각 관서에 보관된 것도 모두 도둑을 맞아 먼저 불탔다. 임해군의 집과 병조 판서 홍여순(洪汝諄)의 집도 불에 탔는데, 이 두 집은 평상시 많은 재물을 모았다고 소문이 났기 때문이었다. 유도 대장(留都大將)이 몇 사람을 참(斬)하여 군중을 경계시켰으나 난민(亂民)이 떼로 일어나서 금지할 수가 없었다.』

외부의 적보다 내부의 적이 더 무섭다는 말이 있지만, 위와 같은 상황은 정말 분노할 힘마저 없게 만드는 악행이다. 한양 도성의 백성들은 마치 왜군의 침략을 기다렸다는 듯 자신들의 나라 조선 궁성을 불 지르고 약탈하는 간악한 짓을 왜군보다 앞서 스스로 저질렀다. 왜군이 궁성을 불 질러도 비분강개할 일인데, 되레 조선의 백성들이 자신들의 탐욕과 불만 표출의 방법으로 국가의 최고 중심부를 대부분 소실시키고 약탈하고 말았다. 임진왜란 당시 왕과 신하, 도성의 백성들은 국난극복에 대한 애국심은 그 어디에도 찾아볼 수 없는 행동들을 하였다.

더 한심하고 안타까운 사실은 임진왜란 당시 비단 도성의 백성만이 위와 같은 천인공노한 짓을 저지른 것은 아니다. 나라를 구하고자 의병에 참여한 사람이 있는가 하면, 자신들의 탐욕을 채우고자 방화와 약탈행위는 곳곳에서 한동안 계속되었다. 다음으로 평양에 관한 기록은 이랬다.

『선조수정실록 26권, 선조 25년 6월 1일 기축 1592년 명 만력(萬曆) 20년 평양이 함락되다.

상(임금)이 서도(평안도)로 떠난 뒤 평양이 잇따라 함락되니 여러 고을의 관리는 도망하여 숨어버리고 난민(亂民)들이 창고를 태우고 약탈하여 한 도가 모두 탕진되었다.』

전쟁통에 범죄자나 사회 불만자들이 범죄를 행하면 적으로 간주하여 철저히 대처하고, 치안을 유지해야 했지만, 관원들조차 도주하기 바빴다. 임진왜란 당시 자신의 조국,

조선을 향해 왜적보다 먼저 불 지르고 약탈한 사람들은 실록에 기록된 바와 같이 바로 조선의 백성들이었다.

위와 같이 어처구니없고 부끄러운 행위를 저지른 엄연한 역사 기록이 존재한다. 그 후대인 대한민국의 한국인은 한국전쟁과 같은 국난을 겪었을 때 임진왜란과 너무도 유사한 대처를 하였다.

위 언급했듯이 개인의 사유재산에 대한 문제를 가지고, 국가와 사회의 상징물인 궁궐, 숭례문과 같은 국가 중요문화재를 보라는 듯 불 지르는가 하면, 훼손하는 자들도 허다하다. 이런 사건이 발생하면 관계 당국은 오직 본인들 공직생활의 안위를 위해 규정을 찾고, 지침을 따지다가 때를 놓쳐 화를 키우는 행태 또한 조선조나 지금이나 전혀 달라진 것이 없다.

이러니 방화범들조차 국법을 우습게 보게 되고, 죗값마저 가벼우니 방화범들은 불을 지른 후 쾌감마저 느끼고 범죄를 멈추지 않게 된다. 하지만 피해자 및 대상물은 막대한 경제적, 정신적 손실로 황폐감에 빠지게 된다. 그런가 하면 보험금을 노려 고의로 불을 지르는 자들도 있으니 그들에게는 방화가 화풀이 범죄이자 돈벌이가 되기도 한다. 화재에 대한 관념과 재발 방지에 대한 강력한 법, 화재 진압체계의 완벽함이 갖춰있지 않으면 한국사회는 늘 우왕좌왕, 허둥지둥이 반복될 수밖에 없다.

05. 담배꽁초

  담배는 세계보건기구가 마약으로 지정할 정도로 유해한 기호식품의 일종 또는 물질에 속한다. 담배의 원산지는 남미 지역으로 15~6세기 유럽인이 아메리카 대륙을 정복하면서 유럽으로 전해진 것으로 알려져 있다.

  20세기, 의학의 발달로 담배가 인체에 유해한 독성물질이 함유되어 있어, 각종 발암의 원인이 된다는 것이 밝혀졌다. 이로써 20세기 후반부터 여러 국가에서 흡연에 대한 경각심이 나타나기 시작했다. 그전까지는 흡연이 스트레스 해소니, 멋이니 하며 장소 불문하고 피워댔다. 국가마다 조금씩 차이는 있었지만, 각종 광고를 통해 담배 구매를 권장하던 시절도 있었다. 한국사회에서도 담배의 유해성이 전파 및 인식되면서 흡연에 대한 시선이 곱지 않아지게 되고, 흡연 장소도 조금씩 제약되기 시작했다. 한국사회에서 흡연의 관대함은 80년대까지 이어졌다. 당시에는 지하철 승차장, 버스 내, 기차 내에서도 흡연의 민폐를 당연한 듯 허용되었다.

흔히 아주 먼 옛날을 말할 때 호랑이 담배 피던 시절이라고 말하는 경우가 있는데, 딱히 그 시절이 언제인지는 가늠하기가 모호할 때가 있다. 하지만 조선왕조실록을 보면 담배의 유입 시기가 임진왜란 전후로 확인되니, 대략 1600년대 이후가 호랑이 담배 피던 시절이라 할 수도 있겠다. 조선시대에는 호랑이가 많았고 신령시 한데다가, 담배 유입 초기에는 의약으로 사용할 만큼 신기한 약초로 오판했으니 이 둘을 합쳐 민담의 소재가 된 것으로 보인다. 담배 내에 무수히 많은 독성물질이 발견된 지금도 다이어트의 한 요법으로 흡연하는 사람이 있을 정도이니, 조선시대에는 담배를 신비의 명약으로 맹신하는 사람들도 적지 않았을 것으로 판단된다.

실록에서 담배에 관한 내용을 보면 다음과 같다.

『인조실록 37권, 인조 16년 8월 4일 갑오 1638년 명 숭정(崇禎) 11년.

우리나라 사람이 몰래 담배[南靈草]를 심양(瀋陽)에 들여보냈다가 청나라 장수에게 발각되어 크게 힐책을 당하였다. 담배는 일본에서 생산되는 풀인데 그 잎이 큰 것은 7, 8촌(寸)쯤 된다. 가늘게 썰어 대나무 통에 담거나 혹은 은(銀)이나 주석으로 통을 만들어 담아서 불을 붙여 빨아들이는데, 맛은 쓰고 맵다. 가래를 치료하고 소화를 시킨다고 하는데, 오래 피우면 가끔 간(肝)의 기운을 손상시켜 눈을 어둡게 한다. 이 풀은 병진(1616, **광해 8년**) ·정사년(1617) 간 부터 바다를 건너 들어와 피우는 자가 있었으나 많지 않았는데, 신유(1621, **광해 13년**) · 임술년(1622) 이래로는 피우지 않는 사람이 없어 손님을 대하면 번번이 차[茶]와 술을 담배로 대신하기 때문에 혹은 연다(煙茶)라고 하고 혹은 연주(煙酒)라고도 하였고, 심지어는 종자를 받아서 서로 교역(交易)까지 하였다. 오래 피운 자가 유해무익한 것을 알고 끊으려고 하여도 끝내 끊지 못하니, 세상에서 요망한 풀이라고 일컬었다. 심양으로 굴러 들어가자 심양 사람들도 또한 매우 좋아하였는데, 오랑캐 한(汗)은 토산물(土産物)이 아니라서 재물을 소모시킨다고 하여 명령을 내려 엄금했다고 한다.』

위에는 많은 역사적 내용이 담겨 있다. 먼저 백해무익한 담배가 일본으로부터 유입되었다는 사실과 조선에서는 약초용 또는 손님 접대용으로도 사용했으니 담배의 폐해가 오래됨을 알 수 있다.. 그 발단은 일본이라는 것을 반드시 상기해야 한다.

이에 더해 실록을 기록한 인조 16년, 1638년은 병자호
란(1637) 이듬해로 명나라(1368~1644)는 이미 쇠잔해진
상태였다. 조선인이 담배를 들여보내려 했던 중국 요녕성
'심양'은 이미 만주족이 점령하여 청나라 수도로 삼은 도
시이다. 그리고 '오랑캐 한(汗)은 담배를 … 엄금했다'는
구절에서 오랑캐 한(汗)은 정묘호란과 병자호란을 일으켜
삼전도에서 인조 임금을 삼배구고두례를 시키며 굴욕을
준, 청 태종 홍타이지이다.

일본이 들여온 담배는 광해군 시절 큰 화재를 낳기도
했다.

『광해군일기[중초본] 186권, 광해 15년 2월 15일 을해
1623년 명 천계(天啓) 3년.

동래(東萊) 왜관(倭館)에 화재가 발생하여 80칸을 모두
태웠다. 【임술년에도 큰 화재가 발생하였다. 왜인들이 담
배를 즐겨 피우므로 떨어진 담뱃불로 화재가 일어난 듯하
다. 】』

광해군 때 일본의 담뱃불에 의해 불탄 동래 왜관 80칸
은 그들의 거류지였지만, 조선이고 조선의 재산이다.

왜적이 건너와 노략질도 하고, 한반도 내 거주하면서 난동도 부리며 피해를 발생시키는 것은 끝이 없었다. 하지만 잠시 그들이 자의 혹은 타의에 의해 노략질을 멈추고 평온을 유지하면, 되레 한반도에서는 일본을 연호하는 사람들이 어디에선가 되살아난다. 지금 역시 마찬가지이다. 일본은 그 모든 사실을 너무 소상히 숙지하고 있다.

아무튼 조선 중기, 일본이 가지고 온 담배는 지금까지 흡연자와 비흡연자를 가리지 않고 육신과 정신건강에 악영향을 끼치고 있다. 또한 담뱃불은 화재를 유발하기도 하고, 담배 연기는 자칫 이웃 혹은 타인과 볼썽사나운 시빗거리가 되기도 한다. 비흡연자는 흡연자로 인해 본의 아닌 불편을 겪는 일은 다반사이다.

담배를 피우는 것은 개인의 자유이다. 그 자유를 누리려면 다른 사람에게 그 어떤 피해도 주면 안 된다. 하지만 흡연의 자유가 타인과 사회에 적지 않은 피해를 주고 있어 문제가 된다. 많은 국가에서 담배의 폐해를 잘 알지만, 담배를 도구로 세수 확보에 적절히 활용하기도 한다.

한국은 전 세계 경제의 변화와 국내경제 성장을 위해 1970년대부터 시장개방을 단계적으로 해 왔고, 할 수밖에 없는 세상이 되어 버렸다. 1991년에는 정부가 유통시장개방대책을 발표하면서 거의 모든 제품이 수입 가능하다는 것을 알렸다. 이때 외국 담배회사들이 국내에 들어와 담배자판기를 전국 곳곳에 설치, 담배 장사를 했다.

당시 정부 해당기관이 어떤 압박과 뒷거래가 있었는지 알 수 없지만, 엄격한 자판기 설치 기준 없이 막무가내 허가해 준 덕에 학교 앞이든 어디든 담배자판기를 설치, 장사를 할 수 있게 되었다. 그렇게 되면서 누구나 쉽게 담배를 구입할 수 있었던 시대가 바로 1990년대였다.

그 당시 청소년의 담배자판기 이용률이 대략 20%라는 조사도 있었다. 이러한 폐해를 확인한 여러 사회단체에서 담배자판기 철거 및 설치장소 규제 등등을 요구하며 오랜 기간 정부 및 각 기관과 투쟁해야 했다. 그 무렵인 1995년에 국민건강증진법이 제정되고, 위의 법 9조에 미성년자에게 술, 담배 판매 금지 등등의 청소년 보호법이 1997년에 개정되었다.

국민건강증진법이 강화되면서 공중이용시설에서의 금연구역이 계속 늘어나고 있고, 이를 위반하고 흡연할 때는 10만원의 과태료가 부과되는 법이 통과되었다. 또한 담배꽁초를 무단 투기할 때는 폐기물관리법에 의해 5만원의 과태료가 부과됨도 제정되었다. 흡연 후 무단 투기할 수밖에 없는, 금연구역을 벗어난 공간이나 실외, 거리에서의 흡연은 금지하지 않는 모순은 남아 있다. 2010년 전후부터 각 지자체는 단계적으로 버스정류장을 금연구역으로 지정했고, 최근에는 횡단보도도 금연구역으로 지정되어,

흡연자의 공간은 계속 축소되고 있다.

담배를 조선으로 유입시킨 일본은 한국에서는 아직 시행되지 않고 있는 야외, 거리, 유명 관광지 등에서 흡연금지 푯말까지 부착하며 흡연 시 벌금 부과 및 단속을 강화하고 있다. 일본의 거리, 하수구 등에는 한국처럼 담배꽁초가 뒤엉켜 있지도 않고, 찾아보기도 어렵다. 금연구역 지정 및 흡연구역 설치조차 한국을 훨씬 앞서가고 있다. 이는 흔히 일본이 한국보다 앞선다는 첨단·과학기술과는 전혀 무관한 시민의식, 공중도덕의 문제인데도 이런 수준 차이를 나타내고 있다.

한국에서는 거리, 야외 등에서 흡연 여부는 아직 법안이 제정되지 않아 위법행위는 아니다. 하지만 담배를 피우고 남은 꽁초를 바닥에 버리면 위법행위임이 명시되어 있고, 과태료 대상이다. 쓰레기와 유사한 개념이라 함부로 버리면 절대 안 된다.

도시의 번화가를 비롯한 사람이 다니는 곳곳에는 담배꽁초로 몸살을 앓는 곳이 바로 대한민국이다. 재떨이 등이 마련되지 않은 야외나 거리에서, 흡연을 하게 되면 불법투기가 거의 일상이 되고 있다. 2021년 통계청의 자료에 따르면 19세 이상, 전체 흡연율이 19.3%라고 했다. 19세 이하와 외국인 등은 집계가 되지 않았으니 전체 인구의 20% 이상이 흡연자로 추정할 수 있다. 위 자료를 근거로

하면, 대략 2백 5십만 명이 매일 흡연하고, 또 담배꽁초를 버려야만 한다.

흡연자 2백5십만 명이 각기 다른 장소, 다른 시간이지만 재떨이 등이 없는 야외나 거리에서 담배를 피우면 그 인원, 흡연 개수만큼의 담배꽁초를 대한민국 땅바닥, 길바닥, 화단, 하수구 등등에 버리게 된다. 이를 하루 5만 원 과태료로 환산하면 수백, 수천억 원이 되는 금액이다.

1995년 쓰레기종량제봉투 시행 전에는 대부분 거리에 재떨이 겸 쓰레기통이 있었다. 당시에는 쓰레기통 주변에서 흡연했을 때는 사람마다 다르지만, 담배꽁초를 쓰레기통에 버리기도 했다. 하지만 담뱃불을 끄지 않고 쓰레기통에 버려 화재로 이어지는 경우가 빈발했다.

종량제봉투 시행 후에는 돈 아끼려고 온갖 집안 쓰레기, 개인 쓰레기를 가져와 거리의 쓰레기통에 버리는 몰상식이 시작되었다. 부끄러운 시민의식 때문에 거리의 쓰레기통은 어쩔 수 없이 철거당하는 낯 뜨거운 일이 벌어진 것이다.

흡연의 폐해를 조금이라도 막기 위해 흡연구역 설치를 의무화했지만, 각 사업장에만 적용되는 것이라 거리, 야외에 흡연구역 설치는 요원하다. 만약 설치한다고 해도 해당 사업장, 기관 또는 지자체가 감당해야 하는 설치비용, 공간확보도 문제이다. 설치 후에는 또 비용을 들여 적절히 관리도 해야 한다. 그렇지 않으면 거리의 쓰레기통처럼 바로 쓰레기장이 되어 철거해야 하는 수고와 낭비의 악순환이 될 게 뻔한 일이다.

공공장소에서 본인만 편하면 된다는 잘못된 시민의식과 대한민국이 우리 땅이니 내 마음대로 해도 된다는 어처구니없는 주인의식에 사로잡힌 흡연자가 많다면, 대한민국 방방곡곡은 흡연자의 더러운 흔적, 담배꽁초는 계속 쌓여갈 것으로 보인다.

06. 청결

청결은 개인은 물론 사회 전체의 보건위생 관리 차원에서 매우 중요하다. 사회가 발전하면 할수록 개인과 사회 전반이 표면적으로는 청결해진다.

외부의 간섭이나 타인의 시선을 의식하지 않고 본인 스스로 정리 정돈을 잘하고 청결하게 하는 것은, 선천적 성격과 습관이 배어 있어야만 가능하다. 다른 사람의 간섭과 시선이 미치지 않는 곳을 보면 그 사람의 청결 척도를 가늠할 수 있다. 타의에 의해 수동적으로 정돈했을 때는 겉만 잠시 청결 유지가 될 뿐 지속적일 수 없다.

한·중·일 3국의 청결 척도는 16·7세기부터 시작된 서구인들의 기행문을 통한 기록으로 어느 정도 알 수 있다. 18·9세기에 와서는 사진과 영상을 통해 당시의 생활상과 모습, 청결 등의 상황을 확인할 수 있다. 이런 기록과 사진, 영상을 떠나 실제 지금의 경험과 소문만으로도 일본이 가장 청결하고, 중국은 다소 불결하고, 한국은 이도 저도 아닌 중간 정도임을 이미 많은 사람이 인식하고 있다.

1990년대 이후 한·중·일 3국은 속도와 단계의 차이는 있지만, 경제발전에 힘입어 다양한 면에서 현대화되어, 멀리서 본 도시의 외관은 청결과 불결을 쉽게 구분할 수 없게 되었다. 내밀한 청결 척도를 알려면 도시의 어두운 곳과 농촌, 전 국토의 속살과 환경 등 여러 측면을 짚어 봐야만 알 수 있다.

청결의 척도를 가장 쉽게 파악할 수 있는 곳은 도시 곳곳을 거쳐서 강으로 바다로 흘러가는 하천이라 할 수 있다. 6~70년대 산업이 발달하면서 생활하수와 산업폐수가 엄청나게 발생했지만, 당시에는 특별한 정화 장치나 환경 보호 개념, 엄격한 규제가 없어 그대로 하천으로 쏟아 버렸다.

산업의 발전만 생각하고 환경파괴에는 전혀 무지했던, 당시의 한국사회는 수천 년을 맑게 흐르던 도심의 하천 곳곳을 수십 년 내 새까맣게 만들고 말았다. 당시 썩은 냄새가 진동하고 온갖 벌레가 창궐하는 도시하천이 되었으나, 정화할 생각은커녕 눈에 보이지 않게 덮기 시작하였다. 이도 6~70년대 즈음이다. 일찍이 존재하지 않았던 복개천은 이런 사유로 생겨났다.

몸에 종기가 생기면 그 종기가 눈에 보이지 않게 덮는 것이 아니라 고름을 깨끗이 짜내서 치료하는 것은, 기본 중 기본임에도 썩어가는 도시하천을 그대로 덮어 나갔다. 복개천 아래에는 썩은 물이 흐르는 것은 잊고, 새 도로가 생겨 편리하다고도 하고, 더러운 하천을 보지 않아 좋다고 쾌재를 올렸다. 이를 본떠 한적한 시골 마을조차 편리성을 내세워 마을 주변의 실개천마저 복개하기도 했다.

급속한 산업 발전의 대가로 오·폐수도 생성, 배출하게 되어 도시의 하천을 오염시키는 병폐를 낳았다. 선진국 그리고 가까이 있는 일본은 먼저 산업 발전을 일궈낸 부산물로 도시하천을 오염시켰지만, 오염된 도시하천을 재생해 나갔고 성공했다.

한국은 1990년대 이후 오염에 찌든 복개천을 비롯한 도시하천을 더 이상 방치해서는 안 될 지경에 이른다. 당시까지 하천을 오염시키면서 산업을 발전시켰지만, 새까맣게 변해 버린, 하천 재생의 기술과 방법은 터득하지 못했다.

한국사회는 병든 도시하천을 되살리고자 한국 산업 발전에 많은 기술과 자금(배상금)을 지원했던 일본에게 찾아가 도시하천재생 방법을 배워야만 했다. 하천을 오염시킬 줄은 알았지만, 어떻게 재생시켜야 하는지는 몰라 과거 식민통치자인 일본에 가서 해결법을 배워야 하는 처지가 바로 한국 기술력의 현실이기도 하다.

하천복원재생 방법은 선진국들이 이미 연구하고 실행해서 성공한 사례가 1990년대 당시에 있었다. 한국은 다른 나라와 지형, 수질, 수량 등등이 당연히 일치하지 않기에 재생의 원형은 유지하되 구조와 방식은 변경해야만 한다.

관계 당국이 썩어버린 하천을 준설하고 복원하더라도 하천으로 유입되는 산업폐수, 생활하수를 정화시키는 기계장치를 설치하지 않거나 설치하더라도 제 기능이 상실하면 하천의 재생은 실패로 돌아간다. 여러 지자체 등에서 일본을 거울삼아 하천 재생 사업을 거창하게 내세우며 삽을 떴으나 거의 실패로 돌아갔다. 자연 그대로 복원하는 사례는 드물고 대부분 하천 하부와 측면에 시멘트 공정으로 작업 편리와 단시간 복원을 주목적으로 하였다.

이는 실적 위주, 보여주기식 행정이 일반화된 안타까운 결과라 할 수 있다. 콘크리트 위에는 동식물이 서식하기 어려워 하천의 생태계가 정상적으로 작동될 수가 없는 것은 자명한데, 관계 당국은 단시간 맑은 물을 흘려보내는 것이 우선인지, 도무지 알 수 없는 하천 복원 공사가 태반이다.

또한 하천 복원에 참여한 당사자들의 공사목적은 복원공사 직후 맑은 물이 흐르게 하는 것이지, 지속적이고 영구적으로 맑은 물을 흐르게 하라는 것은 공사 내용에는 없었다는 듯 하천 재생에 실패해도 당당하고, 뻔뻔함도 있어 보인다. 시민들은 하수와 오·폐수를 예사로 취급하고, 정화업계는 완벽한 처리 기술이 없고, 관에서는 남의 일처럼 소홀히, 하천 복원을 단기간에 마치는 것을 업무완수라 여긴다. 허술한 하천 복원사업으로 하천은 다시 서서히 썩어가고 있지만, 한계점이 올 때까지 다시 기다리고 있다.

하천 복원 공사의 성공과 실패 여부와 관계없이 최대 수혜자는 공사 관계자들뿐이다. 시간이 지나 하천을 재복원해야 한다는 여론이 들끓고, 재공사를 하게 되면 공사 관계자들은 또 한몫 잡게 되는 것이다. 그에 더해 관련 공무원들도 업자들에게 알게 모르게 주머니를 채우게 될 수 있으니, 썩은 하천은 관련자 여럿에게 금전적 이득을 주기도 한다.

산업이 발전하면 산업폐수와 생활하수의 배출로 하천은 오염될 수밖에 없다는 필연성을 잊은 무지와 착각, 방관, 방치, 불결의 익숙함, 그에 더해 기술력 부족 등으로 많은 하천은 더 이상 맑은 물이 흐르지 못하고 있다. 하천 오염의 익숙함은 4대강 오염으로 귀결된다. 대한민국은 낙동강, 한강, 금강, 영산강을 살린다며 2009년 공사를 시작해 단 3년 만인 2011년에 마무리했다. 그 결과 하천 오염에 버금가는 죽어가는 강으로 만들어버렸다. 당시 홍수, 가뭄 등의 예방을 위한 4대강 살리기 사업이라는 기치를 내걸었다. 많은 기대와 우려에 걸맞게 실제 공사의 결과는 피와 땀이 섞인 국민 세금, 눈먼 돈 22조 원으로 건설업자 등 관련자들의 호주머니 챙겨주는 꼴로 끝나고 말았다.

청결함에 익숙하지 않은 사고개념은 오염되고 불결한 것에 거부감을 느끼지 못한다. 담배꽁초, 쓰레기를 거리와 하수구에 함부로 버리는 것이 일상화된 시민의식은 하천과 강이 오염이 돼도 큰 문제의식을 느끼지 못하게 된다.

실종된 시민의식의 끝단은 하천과 강을 오염시킨 것을 넘어 쓰레기산으로 정점을 찍게 된다. 전 국토에 넘쳐나는 쓰레기들로 인해 2000년대부터는 불법, 합법을 불문한 쓰레기수거업자들이 야산이나 외진 공터에 쓰레기를 불법 투기하여 쓰레기산을 만들어 나갔다. 수년 전 쓰레기산이 해외 언론에서도 보도된 바 있어서 국내에서는 너무 잘 알려지고 익숙해졌다. 이제 익숙함을 넘어 산에 꼭 나무만 있으라는 법이 있냐는 듯 쓰레기산도 함께 하고 있다.

흔히 옛말은 틀린 게 하나 없다고, 바늘 도둑이 소도둑 되고, 티끌 모아 태산이 되고, 세 살 버릇 여든까지 간다고 했다. 이처럼 청결과 담쌓은 세 살 버릇은 여든이 될 동안 조국의 하천과 강을 오염시키게 된다. 티끌처럼 하찮게 여기고 버린 쓰레기는 태산과 같은 거대한 쓰레기산으로 되돌아옴을 직면하고 있다. 이런 악순환이 연속이어도 남의 일인 듯 딴청이니 이미 소도둑이 되어 무감각해졌기 때문이지 않나 싶기도 하다. 청결은 멀리하고 불결의 악습을 끊지 못하는 현실을 자주 마주하니 안타깝기만 하다.

6. 시선

01. 국산품 애용

남의 떡이 더 커 보이고, 물 건너온 제품이 괜히 좋아 보이는 것은 사람의 일반적인 심리이다.

한국은 1995년 세계무역기구(WTO) 출범과 함께 가입국이 되어 국가 간 무역이 더욱 원활해지게 된다. 또한 당시 북방외교로 중국, 러시아 등 공산권 국가와도 무역이 이루어지면서 외국산 제품을 더욱 쉽고 다양하게 접할 수 있게 된다.

2004년에는 칠레를 시작으로 국가 간 상호 수출입 관세와 시장점유율 제한 등의 무역장벽을 제거하는 자유무역협정(FTA)을 체결하면서 수출입이 자유로워졌다. 현재 우리나라와 자유무역협정을 체결한 국가는 40개국 이상이다. 한국은 국가별(우루과이협정, 한미FTA 등) FTA가 체결될 때마다 농민 등 시민들의 반대 시위가 거셌지만, 시대의 흐름은 꺾을 수가 없는 일이었다.

지금은 개인이 온라인으로 해외 제품을 직접 구매하는 세상이 되었으니, 상전벽해이고 격세지감이 아닐 수 없다. 법으로 해외직구가 금지된 품목이 많지만, 일반 생활소비재는 거의 모두 가능하다고 봐야 한다. 이제 더 이상 국산품 애용에 매달리는 시대는 지났고, 제품의 품질과 가격으로 경쟁하는 세상이 되었다.

국내의 수많은 제품은 OEM(주문자 상표부착 생산, 주문자 위탁 생산)방식으로 주로 중국, 동남아 등지에서 생산하여 국내로 들어오고 있다. 이는 세계적인 추세이기도 하다. OEM 방식을 택하는 주요인은 값싼 노동력이다. 국내에서는 이제 제조업에 종사하려는 인력도 부족하고, 인건비 상승으로 제품을 생산하기에는 수지타산이 맞지 않게 되었다.

국내 제조업계 인력난의 원인은 여러 가지가 있다. 그중 하나를 꼽으면 90년대 경제성장과 함께 대학설립 완화정책으로 2000년대 이후 청년층 70~80%가 대졸자가 되니 제조업 위주의 중소기업은 관심 밖의 일자리가 되고 말았다. 여러 가지 원인으로 인력난을 겪은 제조업계는 싼 인건비를 찾아 해외로 나가게 되고, 그나마 국내에 있는 제조업의 중소기업들은 인력난 해소를 위해 외국인노동자를 고용하는 악순환이 반복되고 있다.

90년대 대학설립완화 정책의 수혜 당사자들은 이미 중장년층이 되었고, 지금은 그 정책 때문에 부실대학이 속출하여 해당 대학 재학생들이 갈피를 못 잡는 난감한 상황이 벌어지고 있다. 어쨌든 대학의 증가로 여러 방면에서 눈높이가 높아지면서 해외 제품을 더 선호하고, 구매하는 욕구가 더 높아진 것은 분명한 사실이 되었다.

앞서 여러 번 언급한 바 있듯 첨단기술, 핵심기술, 원천기술 등을 보유한 기업이 적어 고부가가치의 제품을 생산, 수출하는 기업도 많지 않다. 이미 소비자의 구매 선택 욕구는 높아졌고, 다양해졌는데 국내에서는 소비자의 욕구를 채울 제품들을 생산하기에는 한계가 생겼다.

핵심부품이나 첨단기계, 부품 등의 수입은 미국과 일본에 가장 많이 의존하고 있다. 정치적으로 일본과 민감하게 대립할 때, 특히 최근 2019년도에 일본은 전년도 한국 대법원에서 '해당 일본기업은 일제강점기 시절의 강제징용자들에게 배상금을 지급하라'는 판결을 빌미로 무역 보복을 감행하였다. 주 내용은 첫째 화이트 리스트(안보우방국)에게 주던 혜택을 한국에게는 더 이상 주지 않겠다. 둘째 주요전략수출품목인 포토레지스트, 고순도 불화수소, 그리고 스마트폰 등의 화면에 사용되는 불화폴리이미드의 3개 품목을 개별허가로 변경하겠다고 선언했다.

만약 일본의 각 기업 간 협의를 거쳐 위 전략수출품목 외의 품목까지 수출을 규제한다면 사실 한국으로서는 대책이 막막하다. 일본은 원천기술, 핵심기술 등을 보유하며, 한국에게 첨단기계, 소재 등을 판매하여 그들의 제품만을 계속 사용하도록 만들어버렸다.

정치적으로 민감한 상항이 발생하면 수출규제니 뭐니 하며 무역보복을 당해야 하는 한국의 처지가 일제식민지 시절의 연장선으로만 여겨진다. 일본의 이런 행위가 발생할 때마다 한국의 온라인상에서는 일본제품 불매운동을 확산시키며 애국심을 자극하곤 한다. 하지만 이런 불매운동은 보여주기식 이벤트에 불과할 뿐 일시적 행동으로 끝난다. 불매 품목도 주로 의류, 편의용품 등 일반 생활소비재에 한정되어 있다.

실제 일본의 기계, 장비 등으로 기업을 운영하거나 보조수단으로 이용하는 많은 한국기업에서는 일본이 거래나 수출을 중단하면 문을 닫아야 하는 경우도 발생한다. 여러 기술 분야에 일본의 의존성이 높다 보니, 일부 기업은 일본을 의지하는 것을 당연시 하고 있다.

한국의 기업문화는 많은 시간과 인력, 연구비 등이 소요되는 자체 개발보다 돈을 조금 쓰고, 쉽게 구매하는 것을 선호한다. 한국인의 사고 의식도 대부분 그러하다. '빨리빨리'를 강조하고, 기한을 단축하면 일 잘하는 것으로 간주하는 문화가 팽배하다. 또한 시쳇말로 '빨리 돈 벌어서 이곳을 뜨겠다'는 장사꾼의 언행을 거부감없이 받아들이고 있다.

한국에서는 대를 이어 장사를 하며, 동일상품을 생산하는 가게나 기업, 기술 장인이 매우 귀하다. 예를 들어 한국에서는 다양한 분야에서 가문의 오랜 역사를 지니며, 가업으로 대를 잇는 경우가 매우 적다. 도예가, 무형문화재, 노포(오랜 점포) 등이 3~4대째만 이어와도 대단하다고 여러 매스컴에 중복해서 소개될 정도이다. 이웃 나라 일본이나 중국에서는 한 곳에서 2~3백년을 훌쩍 넘긴 노포를 어렵지 않게 볼 수 있는 풍경이다. 한국에서는 여러 곳을 전전하며 장사를 했어도, 2~3대만 이어와도 인정해 주는 분위기이다.

대개 한국 사람들은 몸을 써가며, 하는 본인의 일을 자식에게 물려주지 않으려 하거나 이어가지 않기를 바란다. 자신의 금지옥엽이 열심히 공부해서 공무원 또는 대기업, 사무직이 되기를 바라는 풍토가 뿌리깊다. 이미 여러 차례 언급한 바 90년대부터 대학이 넘쳐나게 된 것을 상기하면 충분히 증명이 된다.

현재 일본의 도예가 중에는 임진왜란 때 조선에서 끌려간 도공들 후손들이 15대째 400여 년 동안 조선의 도공 기술을 이어오는 마을도 있는 것으로 알려져 있다. 하지만 그와 달리 이 땅에서는 임진왜란 당시 일본으로 끌려가지 않았던, 조선 도공들의 후손은커녕 그 명맥마저 끊기고 흔적이 사라졌다. 이를 보면 조선의 전통문화 계승, 발전, 전수 풍토가 튼튼하지 못함을 명확히 알 수 있는 대목이기도 하다.

조선의 도공이 임진왜란 중 강제로 일본으로 끌려갔지만, 15대째 이어올 수 있었던 것은 여러 요인이 있을 수 있다. 먼저 일본은 기술을 중시하는 문화가 있고, 도자기를 지속으로 생산할 수 있는 환경이 조성된 점. 생산한 제품을 꾸준히 구매하는 소비자 있고, 판로도 다양하고 든든하게 구축되어 있었던 것이다.

한국에서는 소상공인을 포함한 기업의 수명이 매우 짧다. 조사기관마다 조금씩 차이가 나지만, 국내 기업의 평균수명을 5~6년으로 보는 견해가 많다. 근로자의 평균 근속연수는 2011년에는 6.1년이었다가 2021년에는 7.0년[18]으로 조사되었다.

---

18) 통계청 2022년

기업의 평균수명과 근로자의 평균 근속연수가 별반 차이 나지 않는다. 이를 보면 알 수 있듯 기업이든 근로자이든 평균 5~7년이면 자신이 몸담았던 곳을 떠난다는 것이다. 이렇게 짧은 기간 업에 종사하는데, 어떻게 정성과 혼을 담아 개발에 힘을 쏟고, 소비자와 끊임없이 소통하고 관계를 이어가는 기업과 근로자가 되겠냐 싶다. 또한 얼마 후에는 서로 모르는 사이가 될 텐데 괜한 헛심 쓰지 말고, 대충 대충하자는 심사가 기본적으로 깔려 있게 된다.

사회구성원 모두가 생산자이자 소비자가 되는 구조인데, 위와 같은 분위기와 사고방식에서 생산된 국산품을 단지 애국심만으로 애용하기에는 무리가 있어 보인다.

근래에는 기업의 마케팅으로, 값싼 중국산이나 동남아산이 아님을 확인시키기 위해 국내산(made in Korea)을 강조하는 일부 제품이 있기도 하다. 그렇게 자신할 만큼 국내산도 품질이 좋아진 것은 사실이지만, 품목이 매우 한정되어 있기도 하다.

고부가가치 제품, 핵심기술, 원천기술 등을 보유하지 못하면, 국산품 애용은 다급할 때만 나오는 가슴 시린 호소문이 된다. 2014년 300여 명이 사망한 세월호 참사가 발생했을 때, 대한민국은 수년 동안 혼돈 상태였다. 당시 언론 보도에 의하면 침몰한 세월호는 일본산으로 일본에서 이미 운항수명 연한을 넘긴 폐선 직전의 여객선이었다고 했다. 세월호를 최종 구입한 한국의 해당 여행사는 위 사실을 알고도 여러 어두운 과정을 거쳐 한국으로 넘어오게 한 것이 밝혀졌다.

참사 후 침몰한 세월호를 인양해야 한다는 여론이 높아졌으나, 한국의 기술력과 장비로는 인양할 수 없었다. 고육지책으로 한국 사람들이 늘 비웃는 중국의 기술력과 크레인을 이용, 중국 업체에서 바닷속 뒤집어진 세월호를 정상적으로 인양하게 된다.

세월호로 인해 돈 번 나라는 여객선을 판매한 일본과 침몰한 세월호를 인양할 수 있는 기술력과 장비가 있었던 중국이다. 그 가운데 한국은 수많은 인명을 죽음으로 몰고 가기만 했다. 그리고 분열과 갈등, 동정과 조롱이 뒤섞여 하늘을 찔렀다.

이 참사의 근본적 원인은 여러 가지가 있지만, 최초 발원을 보면 한국은 아직 세월호 규모의 대형 여객선을 순수 자체 기술력으로 건조하지 못하기에, 폐선 직전의 값싼 선박을 일본으로부터 수입하면서 비롯되었다.(물론 당시 중고 여객선을 구입한 당사자의 속뜻은 누구도 정확히 알 도리는 없다) 또한 폐선 직전의 배를 수입할 수 있게 뒷돈을 썼고, 상황을 변화시켰기 때문에 가능했던 것이다. 아무튼 한국은 기술력을 요하는 대형 사고가 발생하면 자체 해결할 여력이 아직 부족하다 보니, 이래저래 주변국에게 불리한 원조를 요청하게 되고, 저자세를 취해야 하는 구조가 발생하는 것이다.

푼돈이 되는 물품을 두고 애국심을 자극하여 단발성 국산품 애용을 호소하는 슬픈 원인은 앞서 언급했듯이 원천기술, 핵심기술 등을 가지고 있지 않고, 부강하지 않기 때문이다.

일본 등 다른 나라와의 갈등으로 무역 보복이 발생할 때마다 국산품 애용이라는 일시적 감성을 나누는 것보다 기술력 개발의 무한 지원과 변하지 않은 좋은 환경 조성, 마음가짐이 더 필요할 듯 하다.

02. 급조된 축구장

한국사회에서는 '빨리빨리'라는 말을 자주 사용한다. 그에 이어 '대충대충'도 함께 한다. 외국인 노동자들이 한국에 와서 가장 먼저 듣고 배우는 말이 욕과 빨리빨리 등의 몇 가지라고 할 정도이다. 한국사회의 조급성을 부각한 단어이기는 하나 다른 나라에서도 흔히 쓰는 일상적 단어이다.

일의 경중에 따라 속도가 필요할 때 누구든 빨리빨리를 외칠 수밖에 없다. 또한 종사자의 숙련도에 따라 다를 수 있지만, 공기 내 처리해야 할 물량이 많고, 촉박하면 빨리빨리에 대충대충이 섞이게 된다. 대충이 습관처럼 굳어져 버리면 안 되는데도 사회 분위기에 따라 경종과 외면이 혼재하기도 한다.

대부분 개개인의 쌈짓돈이라도 허투루 쓰지 않으려는

반면 공돈은 깊은 계획성 없이 헤프게 쓰는 경향이 종종 있다. 공돈의 무분별한 쓰임새는 국가적 행사에서 가장 두드러지게 나타나며, 확인도 쉽다.

20여 년 전 2002년 한일월드컵을 대비하여 해당 지역에서 축구경기장을 신설하게 된다. 올림픽, 월드컵 등 전 세계적인 스포츠 축제가 개최되는 국가와 도시에서는 선수, 임원, 관광객 등을 위해 경기장과 숙소 등을 신설하거나 개조가 필수 사항이다.

이미 여러 국가에서 올림픽, 월드컵 등을 개최하고, 경기장을 비롯한 각종 부대시설을 잘 활용하여 성공한 사례도 있지만, 실패로 이어진 국가도 있다. 성공과 실패는 축제를 개최한 해당 국가 전체의 몫이다.

한국과 일본에서 동시 개최된 2002년의 월드컵은 그 누구도 상상하지 못한 4강 신화를 이뤄내, 경기 자체는 오랜 기간 회자되고 추억거리가 되고 있다. 하지만 당시 가슴 뭉클했던 장면들을 만들어냈던 경기장들 대부분은 월드컵이 끝난 후 하나둘 적막강산으로 변해 버렸다.

한일월드컵을 치른 각 경기장 건설에는 어마어마한 국민세금이 투입되었다. 막대한 세금을 쓴 만큼 사후 활용방안도 충분했어야 했다. 월드컵 개최 관계자들, 건설 관계자들은 어떤 계획으로 건설했는지 자세히 알 수 없지만, 그들은 그들 나름대로 충분히 연구 검토하고 건설했다고 할 것이다.

한국에서는 스포츠마다 조금의 차이가 있으나 팬들의 관심과 열정, 그에 따르는 흥행의 기간이 대부분 10년 남짓으로 짧다. 각각의 스포츠마다 대형 스타가 출현했을 때, 매스컴에서 이를 집중 조명하면 관중들이 일시적으로 몰려들다가 사라짐을 반복한다.

1980년대의 프로씨름은 전 국민이 열광했던 스포츠였다. 씨름 경기가 중계방송 되는 시간에는 도로가 한산할 정도였다. 그렇게 열광했던 씨름은 10년여 만인 90년대부터 사양길로 접어들었다. 다른 스포츠들은 씨름처럼 크게 쇠퇴하지 않았으나, 흥행과는 거리가 있다. 이에 앞서 6·70년대에는 프로레슬링, 프로복싱이 10여 년 동안 인기 절정을 누리다가 한순간 막을 내리기도 했다.

80년대 프로 스포츠 출범은 당시 무소불위의 정권이 주도했다. 한국의 모든 프로 스포츠구단이 관중 입장료, 중계권료, 스폰서, 이미지 상품, 흥행 등등의 수입으로는 정상적으로 운영되지 않고 있다. 이는 열정적이고, 꾸준하고, 한결같은 대규모 팬덤이 없기 때문이다.

스포츠구단의 모기업이 휘청일 때는 스포츠구단 매각은 필수 항목이 된다. 거의 모든 프로 스포츠 구단이 적자 운영이지만, 이제 프로 스포츠 자체를 해체할 수 있는 단계는 아니게 되었다. 사실 선수들은 고액 연봉을 받는 프로라고 할 수 있지만, 구단은 적자에 허덕이는 실업구단이라고 해도 크게 틀린 표현이 아니다.

한국 프로축구를 국한해 보면 리그는 1983년에 출범한다. 이후 여러 구단이 창단되고, 구단 수도 증가하면서 좋은 선수들도 양성, 발굴하게 된다. 축구에 관한 모든 부문이 발전하면서 2002년에는 한일월드컵을 개최하는 성과도 이루게 된다. 한일월드컵 이전 20년 동안 한국 프로축구 연평균 관중 수는 한 경기당 수천 명에 불과했다. 걸출한 스타들이 출현했던 년도, 월드컵에 출전한 년도 등의 큰 이슈가 있을 때 잠시 1만 명대를 초과하는 경우가 있었을 뿐이다. 한일월드컵이 꼭 20년 지난 2022년의 프로축구 평균 관중 수는 4,820명이었다. 이보다 3년 전인 2017년 역시 평균 관중 수가 4,644명[19])에 불과했다.

위 통계수치가 현 한국의 스포츠, 특히 프로축구 관심도의 현실이다. 이런 현실과 별개로 2002년 월드컵 개최 유치를 시도하게 된다. 일본은 2002년 월드컵 개최 유치를 위해 1989년부터 준비했다. 한국은 일본 축구계 상황을 뒤늦게 인지하고, 1994년에 조직위를 결성한 후 일본과 유치 경쟁에 뛰어들게 된다.

FIFA(국제축구연맹)는 한일 갈등과 여러 상황을 고려해

---

19) 통계청

1996년 양국 분산 개최를 결정하고, 양국 모두 규정에 맞는 각각 10개의 축구경기장을 요구했다. 이렇게 해서 한국은 10개 도시 10개의 축구전용 및 종합경기장을, 한곳 당 최소 1천억에서 2천억 원 정도의 국민 세금으로 건설하게 된다. 그러면서 수지맞은 쪽은 역시 건설사 및 관련 관계자들이었다.

2002년 한일월드컵은 4강 신화로 전 국민에게 커다란 위안과 자긍심, 축구에 대한 무한 자부심 등을 만들어 냈다. 하지만 그 이면에는 각 경기장을 수천억 원씩 들여 건설했는데, 화려한 축제가 끝난 후에는 매년 적자 운영이 되고 있다는 것이 현실이다. 그나마 서울 등의 경기장은 인구 밀집도의 덕과 해당 연고 프로축구팀의 성적, 이슈 등에 따라 적자와 흑자를 반복하고 있는 형편이다.

부산과 제주에 건설된 경기장은 지붕막으로 조성했는데 건설된 지 1년여 후부터 매년 태풍이 올 때마다 찢어지고, 세월의 풍파에 삭아져 한해 한해 누더기가 되어 가고 있다. 이미 해당 경기장은 지붕막 보수 공사비만 수십억 원 이상 낭비한 상태이다.

그리고 당시 한일월드컵 유치에 뒤늦게 뛰어든 한국 축구협회장은 현대家이고, 위 누더기 꼴이 된 부산아시아드 주경기장 시공사 또한 현대건설이다.

많은 한국인은 일본과의 오랜 역사적 갈등 관계로 인해

일본을 앞서고자 하는 경쟁심이 뚜렷하다. 사회 전반에 대한 경쟁에는 무관심하더라도, 직접 맞대결로 승패가 결정지어지는 스포츠에는 강한 승부욕을 나타낸다. 한국은 일본을 스포츠만이라도(특정 종목에서) 반드시 이기겠다는 비장함이 있다면, 일본은 스포츠까지도 한국을 반드시 이기겠다는 비정함을 가지고 있다.

장고한 계획 없이 일본이 월드컵 유치를 준비하니 우리도 해야겠다는 우발적, 이해타산적 경쟁심리는 여기저기서 부작용이 터지고 손실만 남기게 되었다. 기반시설 구축과 그에 따르는 기술력, 사후 활용방안, 시민의식 등등이 갖춰져 있지 않은 상태에서 추진하는 국가적 행사는 오롯이 국가부채로 돌아오게 된다.

월드컵 당시 건설한 경기장은 대부분 해당 지자체의 소유로써 경기장의 부실 공사, 기타 운영 적자 등도 지자체가 거의 떠맡고 있다. 거기에다 전용축구장은 관중 수와 관심도 저조 등으로 해당지역 축구 구단마저 거의 수익을 내지 못하고 있다. 엎친 데 덮친다고 소수의 열성 팬들은 응원하는 팀의 성적이 좋지 않으면 구단 운영을 간섭하고 감독, 단장 해임을 요구하는 어처구니없는 일도 가끔 벌인다.

유럽 축구처럼 관중들의 입장료, 중계권료, 스폰서 등으로 한 해 수익이 원화로 수십조 원 정도가 되면, 위와 같은 열성 팬들의 무례함이 한편 수긍될 수 있다. 하지만 한국 프로축구 관중 수의 참담한 현실에서 소수의 열성 팬들이 팀의 성적을 두고, 구단과 감독 등을 지나치게 비난하면서 순수 열정 팬마저 떠나게 하고 있다. 여러 나쁜 요인이 하나둘 더해져 한국 프로축구 K-리그는 점점 외면당하고 있다.

한국 축구협회는 2013년부터 관중 입장 수익을 집계했는데, 2019년에 K-리그1 관중 입장 수익이 162억 3,372만 8,556원으로 최고치를 기록했다. 그다음 해인 2020시즌 K-리그1 11개 구단 소속 선수 전체(국내-외국인 선수 포함) 연봉 총액은 952억 422만 5천 원이며, 1인당 평균 연봉은 1억 9,917만 2천 원이다.[20] 관중 입장료 수익으로 전체 선수연봉을 메우려면 한해 대략 800억 원이 부족한 상태이다.

2002년 한일월드컵 이후 국내 선수들이 하나둘씩 유럽 축구 리그에 진출하면서, 국내에서 유럽 축구 리그 중계 붐이 일기 시작했다. 국내 유명 선수가 경기할 때는 새벽 시간임에도 시청률이 3%대가 되었고, 결승전 등의 주요 경기에는 6%를 넘기도 했다.

이와 달리 국내 K-리그의 시청률은 0.1%대이며 방송사

---

20) K LEAGUE

마다 서로 중계방송을 꺼리는 분위기이다. 한일월드컵이 20여 년 지난 지금, 유럽에서 활약하는 한국 선수들은 더 증가하고 출중한 경기 모습을 보여, 국내에서의 유럽 축구 열풍은 더 뜨거워지고 있다.

한일월드컵 개최시장에는 철저한 계획과 만반의 준비 없이 뛰어들었지만, 우여곡절을 겪으며 반쪽이기는 하나, 개최에 성공도 하고 4강 신화도 썼다. 월드컵 개최 준비 과정과 대회는 몇 년 이내에는 무조건 끝나는 일이다. 월드컵은 종료되어도 한국 축구는 계속됨에도 이에 대한 확고한 대책이 설정되지 않았으니, 일부 경기장은 애물단지가 되고 운영 적자로 무한 경제적 손실이 발생하고 있다. 이처럼 아무리 큰 적자가 나더라도 개인의 돈이 아니니 경기장 관계자 특히 관련 지자체를 비롯하여 시민 모두 아무런 관심도 없고, 관심을 가질 특별한 방법도 없다.

이런 안타까운 사연을 비웃기라도 하듯 국내 축구의 열기는 쇠락하고, 유럽 축구 관심도는 점점 높아지는 기현상이 나타나고 있다.

03. 다양성

　고대부터 현재까지 대부분의 강대국은 점령 국가의 문화, 과학, 기술, 인재 등 다양한 방면에 수용, 기용, 융합, 통합하여 더 강성해지고 큰 번성을 이룬 사례가 많다. 현재만 보더라도 G2라 불리는 초강대국 미국과 중국은 다민족 국가로써 어떤 과정을 거쳤던, 인종과 민족 등의 측면에서는 모두 수용한 셈이 된다. 미국은 지구상 가장 많은 인종과 다민족으로 구성되어 있다. 중국은 공식적으로 56개 민족으로 구성되어 있지만, 실질적으로는 100여 이상의 다민족으로 이루어져 있다. 주류 인종과 민족이 여타 인종과 민족들을 선도하고 조화를 이뤘기에 가능한 것이다. 그렇다고 해서 다인종 다민족으로 구성된 국가가 반드시 강대국이 된다는 공식은 전혀 없으며, 그 의미와는 별개다.

　자국 내 주류세력 또는 민족이 인종, 민족 간의 이견과 갈등을 적기에 해결하지 못하면 분쟁과 분열이 난무하여 혼란과 내분으로 이어지게 되고, 국가의 존립도 위태위태해질 수도 있다. 다양한 인종과 민족을 포용하려면 다양성을 인정하고 수용해야 한다. 이와 별개로 초강대국인 미국이나 중국에서는 인종, 민족 간 차별과 갈등도 일상이다. 두 국가 내에서 각각 이와 같은 문제가 발생하면 상호 간 인권 침해, 내정간섭 등을 외치며 비난과 비방전을 펼치기도 한다. 지구상 어느 곳, 어떤 형태로든 차별과 갈등은 결코 특별한 일이 아니며 매일 반복되는 현상이다.

대개 아프리카 속담이라고 알려진 '빨리 가려면 혼자 가고, 멀리 가려면 함께 가라'고 했듯 함께함은 여러 방면에서 효율의 극대화를 만들 수 있는 것은 당연한 이치이다. 이기적이고 욕심으로 가득한 인간 세상에서 내가 아닌 다른 사람과 함께한다는 것은, 녹록하지 않기에 위의 속담이 자주 인용되고 공감하는 것으로 보인다.

국가 단위에서 함께, 멀리 가기 위해서는 이념, 종교, 민족, 인종 등을 초월하여야만 한다. 사회 단위에서는 직업, 소득, 세대 등등 서로 다름을 존중해야 한다. 국가와 사회의 거대한 발전은 다양성이 인정되지 않으면 어렵다.

흔히 대한민국은 단일민족이라고 한다. 이 땅에는 오랜 과거부터 현재까지 수많은 외국인이 거주해 왔지만, 대규모의 이민족이 한반도에 거주했거나 한민족과 통합한 사건이 없으므로 단일이라고 하고 있다. 과거 역사에서 한민족은 이민족에게 지배당한 굴욕의 경험은 여러 번 있지만, 이민족을 지배하고 굴복시킨 전력이 없어 그런지, 타 문화, 이민족 등을 수용하고 기용하고 포용하는 것에 다소 배타적 성향을 드러낸다.

한국인은 다양성에 관해 비교적 인색함이 사회 여러 방면에서 확인이 되고 있다. 일례로 지구상에서 화교(華僑)가 성공하지 못하고, 할 수 없게 한 나라는 대한민국 단 한 곳이라고 할 정도이다. 청나라 말엽부터 1992년 한중수교 이전까지 한국에 정착한 중국 국적자를 화교로 한정한다면, 5.16 군사쿠데타 정권 이전까지는 성공한 화교들이 상당했다. 하지만 군사정권과 한국사회는 화교와의 융합과 다양성을 인정하지 못하고 그들을 떠날 수밖에 없는 악조건을 만들었다. 여러 불이익을 감수하고 한국에 남게 된 화교들은 본의와 달리 '짱깨'로 전락했다.

지금 흔히 중국집, 짜장면집이라고 하면 '짱깨'라고 폄하하며 하대를 당연하게 여기고 있다. 위의 정확한 뜻은 중국어의 掌柜:장구(zhǎngguì,짱꾸이)로 '상점주인'을 말한다. 6·70년대 군사독재 시절 한국에 남아야 했던 화교들은 중화 요식업이 어쩔 수 없는 최상의 선택이었다. 이즈음 화교들 사이에 사용한, 한국으로 치면 김사장, 박사장 등의 존칭 '짱꾸이'가 '짱깨'로 악변하게 된 것으로 보인다.

성공하고 유능한 화교들이 떠난 대한민국에는 90년대 이후 조선족과 일부 한족, 동남아인들이 외국인 근로자로 들어와 하위 다양성, 흔히 유화적 표현으로 다문화가 억지로 형성되었다. 첨언하자면 근래 다문화라는 용어를 여기저기서 많이 활용하는데, '다문화'라는 용어는 90년대 초 일본이 만들어 사용한 것으로 확인되고 있다. 90년대부터 정부의 정책 실패와 어긋난 사고방식이 맞물려 힘든 일을 하지 않으려는 사회 분위기가 조성되며 이처럼 변해갔다.

기업주들은 고임금을 요구하고, 육체적 노동을 회피하는 자국민을 어쩔 수 없이 멀리하게 되면서, 저임금 노동력의 외국인 노동자를 대거 유입시키게 되는 사회 분위기로 만들어진다. 그렇게 해서 하위 다양성은 급속히 이루어지고, 이에 맞물려 90년대 말에는 국가부도까지 겪기에 이른다.

한국사회는 긍정적 다양성에 대한 수용, 포용에 비교적 인색하여 되레 쏠림현상을 양산하고 있다. 사회의 저변을 보더라도 커피점, 편의점 등등 무엇이 잘된다고 하면 상권은 무시하고 업종 간 난립으로 얼마 버티지 못하고 문을 닫는 모습은 흔하게 볼 수 있다. 대학도 난립으로 지방대학은 소멸 직전이고, 서울 소재 대학으로만 쏠리고 있다. 이런 기이한 쏠림은 국가의 주요 기반시설, 기관마저도 서울과 수도권에 집중되어, 사회 전반에 걸쳐 예외 없는 현상이 되고 있다.

다양성의 도외시는 쏠림현상의 부작용으로 이어진다. 다양성 부재의 원인은 그야말로 다양하다. 한국사회에서 흔히 볼 수 있는 자발적 변화를 꺼리는 기질도 한몫 한다. 부언하면 새로운 것에 대한 도전, 개혁을 두려워하는 경향이 있음을 말한다. 오랜 역사에서 확인하듯 국토의 3면이 해양으로 둘러싸였는데도 해양을 적극적으로 활용하거나 주도적으로 진출하기보다 농사에만 치중하였다.

농사에 치중을 넘어 농본주의를 내세운 조선조는 농자천하지대본(農者天下之大本)이라며 농업을 중시했지만, 특출난 농사법, 농지법이 없어 늘 가난하고 배고픈 시대였다. 농사의 기반인 개인의 농지, 택지조차 그 규모, 구획, 소유권마저 불명확한 경우가 많았다. 정확한 개인의 토지대장을 소유하게 된 것은 일제강점기 일제의 수탈 목적에 의한 토지조사사업 실시 이후일 정도였다.

선조, 광해군, 인조 때 벼슬을 지낸 장만(張晚:1566~1629)[21]은 관직의 고단함과 당파싸움이 일상인 세태에 환멸을 느꼈을 무렵, 전원생활을 꿈꾸고, 농사일을 그리며 다음의 시를 지었다.

『풍파(風波)에 놀란 사공(沙工) 배 팔아 말을 사니
구절양장(九折羊腸)이 물보다 어려워라

---

21) 한국민족문화대백과사전

이후란 배도 말도 말고 밭 갈기만 하리라』

　위 시에 대해 독자마다 해석이 다를 수 있겠고, 시 한수로 당시의 시대상을 대변하거나 대표하지는 못한다. 하지만 지금의 국방장관 격인 병조판서까지 역임한 사람이 지은 시라면 그 의미와 해석이 달라질 수 있다. 장만은 임진왜란 등 여러 풍파를 겪은 인물이다. 그가 세태의 환멸을 느낀 소회를 배와 말을 비유하였는데, 바다를 통한 외부 진출은커녕 새로운 변화를 원하지 않는 소극적이고 수세적 심정이 담겨 있다. 도전과 모험이 필요한 다양성의 배와 말보다 비교적 안정적이고 단일성의 밭갈이를 원하는 것이 병조판서를 역임한 장만의 내면세계로 보인다. 굳이 확대 해석하면 당시 조선인의 사고 의식을 일부 대변하는 글귀가 아닌가 싶기도 하다.

　새로운 일에 대한 도전은 늘 성공과 실패의 갈림길에 서게 된다. 실패, 혹은 변화가 두렵거나 귀찮아 도전에 모험을 걸지 않으면 늘 제자리에 머물 수밖에 없다. 앞서 반복 언급했듯 우후죽순 생겨난 대학 덕에 세계적인 고학력 국가이자 사회가 되었지만 다양한 방면에서 우수한 학생들이 배출되지 못하는 것이 현실이다. 이는 기존 획일적 교과서에서 주입식 교육으로 어느 고교가 더 많이, 더 좋은 대학에 진학하느냐가 한국 교육의 최대 목표가 되었기 때문이다.

다양성에 적극적이지 않고, 쏠림현상에 매몰된 한국의 사회적 관념과 입시 위주의 교육 체계는 국제사회에서 선진적 역할을 하지 못하게 되고, 과학기술 발전에 한계를 드러내는 결과를 낳고 있다.

"우물을 파도 한 우물을 파라"는 속담은 하나에 집중 또는 집념을 가지고 행하라는 의미도 있겠지만, 한편으로 다양성에 다소 냉랭한 한국사회의 모습을 그대로 투영하고 것으로 여겨진다. 다양성을 인정하고 조화를 이루려면 외길을 고집하는 뚝심도 중요하다. 하지만 더 중요한 것은 남들이 가지 않은, 없는 길도 만들어 가는 도전과 열정이 장착되어 있어야만 한다. 그래야만 다양성이라는 여러 갈래를 거부감없이 마주하고, 받아들이게 될 것으로 보인다.

04. 획일화

다양성을 유지하려면 포용력, 수용력, 지휘력 등 많은 잠재력이 갖추어져 있어야 한다. 다양성과 대비되는 획일화는 여러 면에서 생략되어도 무방하고, 필요에 따라서 적절한 강압과 강제가 동반되면 쉽게 유지 가능하다.

이는 개인과 가정, 사회와 국가의 운영 또한 마찬가지로 적용되고 있고, 같은 원리이다. 자식이 어릴 때는 부모의 성향과 성격에 따라 다소 강압적이고 일방적으로 훈육을 할 수도 있지만, 사춘기와 성장 이후에는 부모의 주문과 의도가 한계에 도달하게 된다. 자식교육의 공과는 성장기 이후 부모자식 간 상호 친밀도, 관계성 그리고 사회적 성공 여부로 나타날 수도 있다. 물론 부모의 좋은 유전자가 여러모로 가장 많은 것을 결정짓지만, 후천적 교육과 노력, 운 등등이 뒷받침되지 않으면 아무것도 아니게 된다.

국가도 개인이나 가정과 유사하게 성장이 절실한 저개발국가, 혼란의 시기, 시대에서는 강압적 군사독재가 상당히 통하고, 그로 인해 경제성장도 이룰 수 있다. 그렇다고 해서 군사, 독재정권의 국가, 사회가 모두 성공하는 것은 절대 아니다. 과도한 독재와 정책 등의 실패로 내란과 분쟁이 지속되는 국가들이 지금도 지구상에 존재하는 것을 보면 쉽게 알 수 있다. 여러 면에서 부족하고, 개발이 시급한 시대에는 다양성을 적극적으로 거론할 수 없는 상황이라 획일화가 강조되고 우선시 되고 있다. 그 획일이 효율을 배가시키는 시대이기도 하다.

성장이 궤도에 진입했는데도 획일화에서 벗어나지 못하고 과거에 머물면 퇴보와 정체가 기다리게 된다. 획일화는 운용이 간단하고 편하기에 깊이 생각하지 않으면 쉽게 빠져들고 선호하게 된다. 자칫 중독되면 주변을 돌아보지 못하는 불상사가 발생할 수도 있다.

획일화가 반드시 이루어져야 하는 분야는 범법자들 처벌에 관한 것으로 일관성과 엄격성이 동반되어야만 한다. 평범하고 선량한 시민의 염원과 달리 법전은 늘 가진 자에게는 흥정의 대상이 되는 불량 참고서적과 같다. 이는 비단 작금의 일만은 아니다. 성숙하지 못한 국가와 시대에서는 반복되는 일상이며, 이의를 제기하는 자가 오히려 역적이고 반항아 취급이 현실이다.

실록에서는 재상이며, 공신이라는 이유로 죄를 묻지 않는 사실도 발견된다.

『성종실록 127권, 성종 12년 3월 18일 임진 1481년 명성화(成化) 17년. 지평 박처륜 등이 신정과 유서를 죄주라고 아뢰다.

경연(經筵)에 나아갔다. 강하기를 마치자, 지평(持平) 박처륜(朴處綸)이 아뢰기를,

"신정(申瀞)은 전에 중금(仲今)과 집을 가지고 다투어 사삿집에서 결박(結縛)하였는데 죄주지 않았고, 이제 또 손수 제 아들의 혼서(婚書)를 위조하였는데 논하지 말라고 명하셨으니 미편(未便)합니다."

하니, 임금이 말하기를,

"그대의 말은 옳다마는, 평안도는 피폐하므로 감사(監司)를 개차(改差)할 수 없다. 이미 의정부(議政府)와 의논하여 결정해서 처리하였다."

하였다. 박처륜이 또 아뢰기를,

"유서(柳漵)는 외람되게 비단을 넣은 등자(鐙子)를 가졌으므로 죄가 중한데, 논하지 말라고 명하셨으니 미편(未便)합니다."

하니, 임금이 좌우(左右)를 돌아보고 물었는데, 영사(領事) 윤필상(尹弼商)이 대답하기를,

"유서는 오래 조정(朝廷)에서 벼슬하였으므로, 반드시 나라의 금제(禁制)를 알 터인데 범하였으니, 참으로 옳지 않습니다."

하였다. 임금이 말하기를,

"유서는 공신(功臣)인 데다가 또 노인(老人)이니, 금제를 범한 일을 논하지 말도록 하라."

하였는데, 정언(正言) 윤석보(尹碩輔)가 아뢰기를,

"법이라는 것은 모름지기 획일(劃一)해야 하므로, 재상 (宰相)이라 하여 가볍게 논할 수 없습니다. 재상이고 공신 이라 하여 용서하기 때문에 국법을 범하는 자가 많습니 다."

하니, 임금이 말하기를,

"국가에서 재상·공신을 대우하는 것은 본디 차등이 있는 것이다."

하였다.』

위 성종이 죄주지 않은 신정과 유서 이 두 사람 역시 배경이 든든하다. 먼저 신정은 병조참의, 병조참지, 좌부승 지 등을 역임한 문신으로 정3품의 관직을 지냈다. 아버지 가 신숙주이며 장인은 태종의 아들 후령군(厚寧君) 이간 (李杆)이다.

이어 유서는 단종 때 죄로 인하여 함길도(咸吉道) 경원

부(慶源府)에서 역을 하게 되어 있었는데, 수양대군(훗날 세조)이 김종서(金宗瑞)를 제거하러 갈 때 수행 및 적극적으로 협조하였다. 그 결과, 계유정난(단종 폐위, 수양대군의 정권 탈취사건) 이후 삼등추충정난공신(三等推忠靖難功臣)이 되었고, 상호군(上護軍: 중앙군 조직의 정3품)까지 역임한 인물이다.[22]

성종은 "국가에서 재상·공신을 대우하는 것은 본디 차등이 있는 것이다"라고 했다. 재상과 공신이 범법행위를 했을 때는 더 엄격하게 죄를 물어야 국법이 바로 서는 법이거늘 예나 지금이나 법은 적용 대상자에 따라 말랑말랑하기도 하고, 거칠기도 하고, 질기기도 한다.

임금은 자신의 권한 범위 내에서 재상과 공신을 죄주지 않으니 그 아랫것들 또한 임금을 본받아 자신의 권한 범위 내에서 연줄과 금품 상납 액수 등을 따져 사회질서 파괴자와 범법 행위자들을 죄 주지 않으니, 국법은 빈약한 자에게만 국법이 되는 것이다. 지금의 대한민국에서도 조선조의 나쁜 모습은 그대로 전승되고 있다.

진정 획일화가 이루어져야 하는 법 체제에서는 그 갈길을 잃고, 굳이 없는 법을 만들기도 하고, 이것저것을 들먹이며 호의와 온정을 베풀고 나누기를 좋아하는 것이 현

---

22) 한국민족문화대백과사전

실이다. 법 적용이 획일화되지 못하는 것은 연줄과 배경, 공로, 금품 등등이 전후좌우로 개입하기 때문이다. 하지만 이보다 중요한 것은 법 집행자, 결정권자의 정의, 공정과 원칙, 결단력 부재가 일을 만드는 것이다.

일개인이 법 집행자의 자리에 앉기 전후 여러 곳에서 신세를 지거나 복잡한 이해관계를 쌓게 되면 법은 썩게 마련이다. 국가도 그러한 무리가 많으면 많을수록 나락으로 가는 것은 역사가 증명하고 있다. 조선조는 중국에 대한 조공과 숭배로 500년 역사를 유지하였다. 주변국에 대한 질서와 법도는 철저하고 완벽하게 준수하는 반면, 내부의 질서와 법도는 그렇게 하지 못했다. 다시 한번 강조하자면 조선조의 전례는 대한민국에서도 어김없이 이어지고 있다.

많은 한국인은 미국과 일본 등 주변국들로부터 첨단무기, 기계, 부품 등을 수입하고, 핵심 과학기술 등등을 의지하며 외화를 소진하는 것에 부끄럽게 생각하지 않고 있다. 국제질서와 국가방위를 위해 엄청난 금액을 들여 미국의 첨단무기를 때마다 구매해야 하는 것과 주한미군 주둔비용 일부 분담도 큰 의미를 두지 않고 있다. 또한 일본에 대한 일부 첨단, 원천 기술력 등에 대한 의존도가 높은 현상도 그다지 개의치 않는 실정이다.

그리고 중요한 것은 이러한 어긋난 상황을 사대주의에

매몰됐던 조선조의 조공과는 전혀 무관한 것으로 여기며, 굴욕으로 생각하지 않는다는 것이다. 위와 같은 잘못된 사고 의식의 원인은 여러 가지가 있다. 한 가지 원인을 찾자면 여태껏 아무 일 없이 잘살아 왔는데, 괜한 일을 만들고 싶지 않은 안일에 빠져 있기 때문이다. 미래를 확신할 수 없는 개혁과 도전에 몸을 사리는 마음도 크기 때문이다.

단죄에는 엄격하고 공정하고 단호함이 원칙이 되어야 한다. 이에 더해 일관되고 변함없는 획일성도 보장되어야 한다. 그래야만 국가의 기강이 바로 서게 되는 것이다. 주변국에게도 나쁜 의존에 대한 일관성을 버리고, 모든 면에서 단호한 국가의 입장을 주장할 수 있는 국력 증진에 획일이 되어야만 한다.

05. 참여의식

    어디에서부터 시작됐는지 출처는 확인되지 않지만, "한국 사람은 '정'이 많다"는 말이 전설처럼 내려오고 있다. 심지어 정은 다른 나라에는 없는 독특한 한국의 문화라고 자부하기도 하고, 특정 과자의 이름도 '정'을 브랜드화 할 정도이다.

    '정'이라는 단어를 실제 따지면 情(뜻 정)으로 한문에서 유래되었고, 순우리말도 아니다. 정이라는 말을 여러 의미를 부여하여 연민, 동정, 나눔, 마음의 작용, 옛날 두레, 품앗이와 유사한 개념이라며 폭넓게 해석하고 있다. 정이 많다는 의미는 주로 먹는 것을 나눠줄 때 가장 많이 사용하고 있다. 그리고 자주 언급하건대 죗값을 매길 때 법조문대로 일관성을 가지고 다루기보다 여러 매개체와 알 수 없는 온정이 섞여, 공정을 흐리며 흥정으로 이루어지는 경우가 꽤 있다.

한국 사람은 정이 많다는 출처 불명의 소문과 달리 아무런 이해관계가 없는 사람들에게 금전적 기부에는 참여도가 높지 않다. 기부의 참여도가 낮은 원인은 여러 기관과 단체에서 이미 조사한 바 있다. 가장 큰 요인 중 하나는 금전적 여유가 없음을 꼽았고, 다음으로 기부재단의 기부금 사용처 불투명, 불신, 횡령, 세제 지원 미비 등등이라고 했다.

한국사회에서 기부를 꺼리게 하고, 불신을 갖게 하는 기가 찰만한 대표적인 사건이 수년 전 많은 언론을 통해 보도된 적 있다. 평소 기부에 큰 뜻을 가졌던 황모 씨가 수백억원의 재산을 자신의 모교 대학에 기부하게 된다. 하지만 얼마 지나지 않아 세무서로부터 기부금 수 백억원에 관한 증여세 명목으로 세금폭탄을 맞게 되었다. 이 일로 당사자는 대법원까지 가는 소송 끝에 세금폭탄을 면하는 황당을 넘어 어처구니없는 기부금 관련 사건이 있었다.

이도 기부자 황모 씨가 대법원까지 가서야 승리했으니 더 기가 막힐 노릇이었다. 이 사건은 매우 이례적이긴 하지만 한국사회는 위와 같이 기부금에 대한 세제 정립이 미비하여, 제도를 꼼꼼히 따지지 않고 선의만 앞세워 남을 돕다가는 낭패를 겪을 수 있는 하나의 사례가 되고 있다.

기부에 대한 이런저런 나쁜 선례와 이미지 때문에, 선량한 기부자가 선뜻 나서지 못하고 외면하게 된다. 과거 품앗이나 두레, 계 등의 상부상조 행위는 마을 단위나 지인들 사이의 일이다. 이는 일방적 기부가 아닌 쌍방의 거래이다. 아무리 선의라도 쌍방이 모종의 필요와 목적을 가지고 행하는 것은 진정한 정도, 온정도 될 수 없다.

선의든 다른 목적이든 공동체에서의 다양한 참여는 그 사회의 활력을 주는 한 요소가 된다. 한국에서는 대규모 인원이 지속적으로 참여하는 사회활동이 많지 않다. 스포츠도 대개 10여 년의 짧은 인기를 누리다가 시들해진다.

한국의 전통 민속놀이, 문화를 보면 대규모 인원이 참여하며 연속적으로 계승되는 민속놀이는 드물다. 한국의 여러 고장에서 정월 대보름날 줄다리기 경기를 하며 민속놀이로 승화시키고 있지만, 이는 중국 고대부터 즐겨온 놀이로써, 여러 문헌에 기록되어 있다. 또한 오래전부터 많은 나라에서 놀이와 경기로 전해지고 있는 행위라 특별하지 못하다.

참여에 적극적이지 못하고 지속적이지 못한 원인은 여러 가지로 짐작된다. 한국사회에서는 자신의 의향보다 다른 사람의 관점을 우선시하는 경향이 짙음을 무시할 수 없는 요인 중 하나에 속한다.

앞서 한국의 기업수명이 평균 5~6년 정도임을 언급한 바 있듯 한국에서는 주변국 중국과 일본 등과 달리 100년 이상 된 기업, 점포, 식당 등이 매우 적다. 업주의 사업수완 한계 등 다양한 이유로 사업을 접거나 대를 잇지 못한 것일 수도 있다. 다른 한편으로 손님도 동일한 기업, 점포, 식당 등에게 지속성을 보이지 못하고, 이리저리 흩어지는 문제도 큰 부분을 차지할 수 있다.

손님과 주인이 단기간 교류와 왕래가 목적이 되어서는 안 된다. 주인은 한몫 장사로 끝낼 채비를 하는 것이 아니라, 사회 공동체의 일원으로 상호신뢰하며 지속적 교류와 참여 정신을 수반해야 한다.

중국과 일본 등 주변국에서는 수백 년을 이어오는 음식점이 있는가 하면, 수백 년의 전통을 잇는 먹거리, 음식 종류도 즐비하다. 지금도 다양한 지역에서 대중 음식으로 당연한 듯 명맥을 이어오고 있다. 요즘은 대중매체가 워낙 발달 되어 위 사항들을 현지에 직접 가지 않아도 충분히 확인 가능한 시대가 되었다.

한국에서는 수백 년 전통을 잇는 대중 음식, 먹거리가 딱히 존재하지 않는다. 요즘 인기 있는 먹거리인 떡볶이, 파전 등이 마치 전통 음식처럼 오인하기도 하는데, 이는 수십 년 전 개발된 음식에 불과하다. 심지어 일본제국이 남기고 간 오뎅, 덴뿌라 등이 이제 어묵과 튀김으로 바꿔 표기되어, 마치 한국의 전통 먹거리로 착각하게도 한다.

전통 공예나 기능도 수백 년의 대를 연속해서 잇는 가

계도 매우 드물어 찾기도 쉽지 않다. 3, 4대를 잇는 장인의 내력을 보면 대부분 일제강점기를 기점으로 하거나 그 이후이다. 사실 부끄러운 이야기이지만 일제 시절, 일본의 여러 모습을 보고 자극을 받아 새롭게 계승 발전시킨 전통도 있고, 일제에 의해 소멸된 전통도 있다. 다른 한편으로 한국인 스스로 전통 계승을 방관하려는 경우도 있다.

한복의 예를 들면, 1980년대 중반까지만 해도 한복은 일상 또는 명절과 각종 행사, 기념식장에서 평상복처럼 입는 인구가 적지 않았다. 특히 여성과 아동은 더 즐겨 입었다. 시대 상황에 따라 옷감과 디자인의 변화는 있었지만, 당시만 해도 한복에 대해 어색함이나 거부감이 전혀 없었다.

하지만 80년대 중·후반부터 한복은 급격히 사라져 갔다. 그 당시를 돌아보면, 군사정권은 교복자율화(1983~1986)를 실시하며, 규격화된 의복을 타파하려고 했다. 교복과 한복은 전혀 무관한 의복이었지만, 그즈음 패션에 관심이 높아질 만큼 개개인의 경제 사정도 나아지는 시기가 된다.

80년대 후반에는 민주화 열기로 군사정권이 막을 내리며, 독재정권과 일제강점기 시절에 대한 과거청산을 시도하는 시대가 된다. 그런데 공교롭게도 한복이 마치 과거청산의 대상이 된 듯 급격히 외면되어 갔다. 이후 일부 한복업계는 한복 문화를 되살리고자 개량 한복이니 뭐니 하며 출현시키는 바람에 한복의 이미지마저 애매하게 만들기도 했다.

위 한복 하나의 예만 언급했지만, 한국사회에서는 신문물, 신문화가 유입, 유행하게 되면 기존의 사물, 전통을 너무 쉽게 내팽개치는 모습이 어렵지 않게 확인되고 있다.

다시 언급을 반복해 8, 90년대 대중의 많은 인기를 끌었던 프로씨름의 시초를 거슬러 올라가 보면, 일제강점기 일본으로 유학 간 조선인 몇몇 유학생들로부터 비롯된다. 그들은 유학 중 일본의 스모 경기가 활성화된 것에 자극받고, 귀국 후 민속으로만 여겼던 씨름을 처음 스포츠 경기화 했다. 그때가 1910년대 일제강점기였다. 그 씨름 경기도 이어졌다 끊어지기를 거듭하다가 80년대 프로씨름, 민속씨름으로 부활해 오늘에 이르고 있다.

많은 한국인의 행동과 습성을 두고 조급성이니 냄비근성이니 하는 폄하적 표현이 있다. 이 나쁜 표현을 부인할 만한 자신있는 근거도 찾기가 쉽지 않다. 사회 여러 방면에서 참여의식 분야에 국한하더라도 참여의 기간이 비교적 짧다. 참여의 목적과 과정 등은 모두 다르겠지만, 철회가 빠르다는 것은 각 개인의 문제인 동시에 참여를 주도하는 기관, 단체 등 전반적인 문제이기도 하다.

직장도 어떤 의미로든, 참여와 유사한 개념으로 본다면 근속기간 비교적 짧다. 대기업, 공기업, 공무원 등 고액 연봉과 장래가 확실히 보장된 직장, 직업을 제외하면 단기간 근무가 아예 표준이 될 정도이다.

가끔 업무상 어정쩡하게 아는 몰지각한 지인이나 거래처 등의 사람들 간 우연히, 뜻하지 않게, 오랜만에 마주치게 되면 "오래 다니네요!", "아직도 다니네요!"하며 장기근속이 낯선 듯 비아냥이 섞인 대화를 종종 확인할 수 있다. 이런 불쾌한 인사말의 근원은 이직률이 높고 기업수명이 짧기 때문이다.

또 혹여 가정에서 가구나 가전, 휴대전화 등도 오래도록 사용한 물품이면 타인에게 눈치는 어느 정도 감수해야만 하는 사회 분위기이다. 이러한 나쁜 예는 셀 수 없이 많다. 사회 전반에 걸쳐 조급성에 연관된 사고방식과 행동은 너무 익숙해져 있다.

일개 건축물을 짓는 것을 두고도 100년, 200년 묵묵히 세대를 이어가며 완성하는 숭고함이 단지 먼 나라 이야기만이 아니라 대한민국에서도 존재했으면 싶다. 혼자만의 참여가 아니라 다 같이 참여하고, 오래도록 참여할 수 있는 사회구조가 형성되어야 할 듯하다. 또한 옳고 바르고 뜻있는 일이면 주변 의식 없이, 모두의 진득한 참여의식이 필요해 보인다.

06. 타인의 시선

대개 본인의 일과 삶에 대한 집중과 자부심, 자존감 등이 높으면 다른 사람을 크게 의식하지 않게 된다. 타인의 시선을 의식하는 사람은 본인의 일에 뭔가 불만이 있고, 불안하고, 불편하고, 부족하여, 관심을 끌고 싶은 욕구가 잔재하기 때문이다.

돈 많은 부자는 가난한 사람을 의식하지 않지만, 가난한 사람은 돈 많은 사람을 부러워하고 의식하지 않을 수 없다.

몰지각한 사람들이 공공장소에서 벌리는 민폐 행위의 일면에는 타인의 시선을 받으려고, 받고 싶어서 하는 유아적 행동도 일부 포함되어 있다. 철부지 어린애들이 부모의 관심을 얻기 위해 어리광 부리고, 생떼 쓰고, 사고 치는 것과 일부 유사하다. 인간은 몸은 성체가 되어도 행동과 마음은 유아의 성향을 가지고 있고, 때때로 유아와 같은 행동을 표출한다. 이런 유아적 행동, 시선과는 별개로 타인의 시선을 너무 의식한 나머지 본인의 정체성을 뒤로 한 채 타인을 쫓는 모습은 여러 곳에서 나타난다.

사회 공동체와 국가도 마찬가지로 다른 집단, 다른 나라의 시선을 의식하지 않을 수 없다. 상황에 따라 경쟁 집단 또는 이웃 국가나 강대국의 동향을 파악해야 하는 것은 당연한 현실이다. 만약 강대국에 둘러싸인 약소국 처지이면 정세에 맞춰 눈치를 봐야 할 곳이 많은 것 또한 사실이다. 사회 공동체나 일개인도 전혀 다르지 않다.

조선조나 대한민국이나 국가 대사마다 주변국의 눈치를 보고, 의중과 의도를 파악해야 하는 것은 달라지지 않았다. 실록에 기록된 왜구의 노략질, 출몰 등은 500여 회가 된다. 기록되지 않은 사건을 포함하면 엄청날 것으로 짐작된다. 실록에서 어느 지방관리는 조선인 여러 명이 왜구에게 포로로 끌려갔음에도 상부에 보고하지 않아 문책받은 내용이 기록될 정도이니 왜구의 노략질은 거의 일상이었다 해도 과언이 아니다. 하지만 이런 철천지원수 같은 왜구를 포로로 잡고도 처리를 마음대로 할 수 없어 명 황제의 하달을 받아야 하는 처지가 조선이었다.

『명종실록 22권, 명종 12년 4월 19일 임인 1557년 명

가정(嘉靖) 36년, 왜구에 대처하는 방법에 대해 중국에 답할 내용을 의논하다.

승문원이 아뢰기를,

"지난해 성절사(聖節使:**명 황제, 황후 등의 생일 축하를 위해 보내지는 사신**) 윤부(尹釜)와 서장관(書狀官:**외교 문서 등을 담당하는 사신**) 김계(金啓)의 문견 사건(聞見事件)을 보면 남경(南京) 공부 상서(工部尙書) 마곤(馬坤) 등의 제본(題本)에, 우리 중묘(中廟)계미년(**1523년, 중종 18년**)에 적왜(賊倭:**왜구**) 중림(中林)·망고다라(望古多羅) 등과 적왜의 수급(首級)·병기를 노획하여 관원을 차출, 중국에 보냈는데 근래 또 포로를 보낸 일이 있었으니 우리나라로 하여금 바다를 거쳐 중국으로 가는 적왜를 죽이게 하는 반면 일본에 칙서를 내리되 우리나라로 하여금 화복(禍福)과 이해(利害)의 기미로 타이르게 할 것을 전례를 인용하여 제청(題請)하였습니다. 황제는 이를 예부와 병부에게 상의하여 아뢰게 했는데 양부의 회계(回啓:**임금의 물음에 대해 심의하여 아뢰는 것**)에 '조선에서 포로를 보내온 것은 전례가 있으나 만약 타이르는 것까지 행하게 하면 이는 또 사체(事體:**사리와 체면**)에 관계가 되는 것이다.' 했으니, 비록 분명히 말하지는 않았으나 그 취지는, 우리나라가 이미 중국을 위해서 적왜를 죽이고 또 포로를 보냈으면 일본과는 서로 원수가 되어 사세가 서로 통할 수 없는 형편인데 책하기 곤란한 일을 순종하는 나라에게 하라고 하는 것은 사체에 미안하다는 것이었습니다. 이로 인해 마곤 등이 제청한 내용이 시행되지 않았다고 하니, 뒷걱정이 없을 것은 보장할 수 있습니다. 그러나 적왜가 잠잠해질지의 여부는 기약할 수가 없습니다.

....하략".』

위는 노략질한 왜구를 잡아 놓고도 혹여 잘못 처리했다가는 왜와 원수가 되는 것이 두려워, 명의 눈치를 살피며 대처 방안을 강구하는 내용이다.

왜구는 수시로 조선을 침범하여 온갖 악행을 저지르고 납치를 일삼는데도, 조선은 왜구 몇 명을 포획해도 그 처리를 두고 고심 해야 하는 처지이다. 조선의 기조는 중국(명조)은 섬기고 오랑캐(여진, 왜, 유구 등)와는 화친을 맺는다고 실록에 명문화하였다. 대한민국은 조선과 같은 기조를 명문화하지 않았지만, 나라만 일부 변경되었을 뿐 크게 다르지 않다.

조선은 왜구의 노략질이 일상이 되었어도 왜와 화친이 왜구를 막는 방도라고 생각함은 지금도 그대로 유전되고 있다. 일본과 대적하고 일본보다 강대국이 되어야겠다는 기조는 바로 역적이 되고 배신이 되는 것이 대한민국 절반의 풍토이다. 실제 일본과 냉랭한 기류를 형성하면 정치, 경제 등등의 상황이 힘이 들고, 일본과 화기애애한 분위기면 여러 상황이 순조롭게 되는 경우가 많다. 이는 너무도 뻔한 얘기지만 경제, 과학기술 등 많은 분야에 걸쳐 일본 의존도가 높기 때문이다.

청일전쟁 후부터 중국을 도외시하다가 한국전쟁 후에는 정황상 아예 중국을 적대시했다. 시대 변화에 따라 중국과는 이미 관계 개선이 이루어졌지만, 주변국의 시선과 상황에 따라 관계의 진폭이 오락가락하고 있다. 국력이 약하면 깡이라도 있어야 하건만 주변국과의 관계 설정을 스스로 결정짓지 못하고 강대국의 눈치를 살펴야 하는 형국은 조선조나 대한민국이나 달라진 점이 전혀 없다.

한국사회에서는 남의 집 평수가 궁금하고, 이웃집 아이의 성적이 관심 사안이다. 사고 의식이 묵묵히 자신만의 길을 갈고 닦아 가려는 모습보다 주변 상황을 먼저 의식하고 행동하는 것이 습관을 넘어 관습화가 되어버렸다. 공공장소에서 주변을 의식하지 않고 민폐 행위를 하는 것과는 판이한 개념을 가지고 있다. 국민 한 사람 한 사람의 실생활에서 나타나는 의식과 행동이 당연히 사회와 국가 단위로 이어지기 마련이다.

실생활에서의 주관적 사고방식의 부족함이 모여 국가 단위에서도 악영향으로 발전하게 된다. 이로써 국가 간 민감한 사건이 발생하면 어김없이 주변국의 동태 파악을 우선으로 하고 있으며, 국가의 명확한 입장도 주저한다. 이러한 불분명한 태도가 국익에 도움이 된다고 자부하기도 하고 수긍하는 분위기이다.

국가 간 민감한 사건이 발생할 때마다 국가의 자주적 입장을 고수하려는 측과 이를 반대하는 측이 거의 절반으로 나눠진다. 국가 대사에 대해 제 목소리를 내는 것은 절반의 반대를 필수적으로 감수해야만 하는 것이 대한민국이다. 이러한 근원은 위 실록에서도 확인했지만, 광복 이후에도 어김없이 발생했다. 식민 지배를 벗어난 대한민국은 미국, 소련 등에게 신탁통치 두고 찬성과 반대로 갈라진 전례가 있다.

이와 같이 국익에 관해 국민의 관념이 극명하게 나눠지거나 불분명한 태도는 과거 역사 곳곳에서도 확인이 되고 있다. 지금도 진취적 변화는 찾기 어렵고, 위기 때마다 나쁜 분열만 반복되고 있다.

7. 사회 저변

01. 비교

어느덧 일제 식민지에서 해방된 지 70년이 넘었다. 이제 식민시대를 직접 겪은 세대는 얼마 되지 않는다. 일제 징용이나 일본군 성노예 등 실제 일제 식민시대의 피해자는 생존자가 손으로 꼽을 정도가 되었다. 아픈 역사를 잊으면 미래도 없다는 상투적인 말이 있다. 지금 한국에서는 일본이 한반도에 가한 역사적 만행이나 일제의 식민시대를 흐릿하게 가르치며, 일본의 심기를 최소화하려는 경향이 나타나고 있다. 이런 효과인지 일본에 대한 호감도가 날로 증가하고, 반대로 중국은 비호감으로 변하는 추세이다. 위 상투적인 말이 어떤 방식으로 증명이 될지 미래의 변화를 지켜봐야 할 일이다.

1395년, 조선왕조실록에는 일본 규슈절도사가, 잡아간 조선인 포로 570여 명을 돌려주며 도둑 즉 왜구가 옛날과 비교해서 감소했다고 선심을 베푸는 내용이 다음과 같이 기록되어 있다.

『태조실록 8권, 태조 4년 7월 10일 신축 1395년 명 홍무(洪武) 28년 일본에 잡혀 있던 포로 570여 명이 돌아오다.

일본 회례사(日本回禮使:**사절단, 조선 후기 조선통신사와 유사한 관직**) 최용소(崔龍蘇)가 구주 절도사(九州節度使) 원요준(源了俊)이 보낸 중(**승려**) 종구(宗俱)와 함께 돌아오고, 피로(**포로**)되었던 남녀 5백 70여인이 돌아왔다. 예빈 경(禮賓卿) 송득사(宋得師)를 보내어 영접 위로하게 하였는데, 그 절도사의 글월은 이러하다.

"일본국 진서 절도사(鎭西節度使) 원요준(源了俊)은 조선국 두 시중상공합하(侍中相公閣下)에게 글월을 올립니다. 귀국 사신 공조 전서(工曹典書) 최용소가 와서 내리신 존교(尊敎)를 분향(焚香)하고서 배독(拜讀)하였는데, 기거(起居)가 전보다 낫다고 하시니 기뻐하여 마지않으며, 나아가서 좋은 토산물을 〈단자에 적힌〉 수대로 받으오니, 멀리서 후한 뜻에 감사할 뿐입니다. 도적을 금하라는 유서(諭書)를 받자와 일기도(一岐島)와 대마도(對馬島)에 대하여 힘을 다한 지 이미 오래 되오나, 바다 가운데의 도둑이라 배로 집을 삼기 때문에, 바람이 부는 대로 따라 정착하여 일정한 곳이 없습니다. 그러나 오늘날은 옛날과 '비교'하여 도둑들이 10분의 8, 9는 감소되었으니, 만약에 또 관군(官軍)의 장수들에게 다른 방도를 내게 한다면 통호(通好)하는 길이 끊어질까 염려됩니다.

…하략"』

실록에서는 위 규슈절도사의 글을 지나치게 공손한 어투로 번역하였는데, 무고한 조선인 570여 명을 잡아가서 공물을 받고 포로를 풀어주는 사람의 언사와는 동떨어져 공감이 가지 않는다. 아울러 위 공손한 번역과 달리 한자는 격식을 갖출 수 있는 단어는 있지만, 존대어가 없음을 반드시 상기해야 한다.

그리고 규슈절도사는 "도둑들이 옛날보다 10분의 8, 9가 감소"했다고 가증스러운 발언을 했는데, 이에 대해 조선 조정의 언급은 실록에서 찾아볼 수 없다.

위 내용과 전문을 살펴보면 조선 조정은 무고한 조선인 포로 570여 명을 조선으로 쇄환(데려옴)시켰고, 규슈절도사에게 답신까지 받았으니 큰 성과를 얻은 듯한 느낌을 준다. 일본에게 그렇게 수모를 당했으면 내부적으로 군비 확충, 전력 증강하여 왜구가 다시는 이 땅에 발을 못 붙이게 백배 응징을 하겠다는 군사적 계획이나 전략은 실록에서 찾기 어렵다. 물론 조선조 동안 몇 차례 왜구에 대한 응징으로 대마도 정벌 등의 사건이 있었지만, 실패와 더불어 더 큰 보복과 피해를 겪은 바 있다.

예나 지금이나 일본과의 역사적 관계를 비교해 보면 늘 수세적임을 확인할 수 있다. 일본은 고대부터 근대 식민 지배까지 끊임없이 한반도를 노략질했다. 끝없는 피해를 겪는 한반도이지만 그 피해를 마치 일상적 재해처럼 망각하기 일쑤이다.

이는 일본에 대한 호감도 상승 추세가 증명하고 있다. 일본의 각 정치권 성향에 따라 미묘한 차이는 있지만, 매우 민감한 일본군 성노예 피해자들, 강제징용 문제만큼은 모르쇠로 일관한다. 그들의 비뚤어진 정치적 태도를 무색하게 근래에는 일본을 추종하는 무리도 세를 확장하고 있다.

조선왕조실록만 살펴보더라도 왜구가 한반도에 끊임없이 출몰, 노략질을 일삼고, 조선인을 잡아가도 조선 조정은 왜구의 행패를 달래기 위해 사신을 보내, 많은 공물을 일본에 바치고 조선인 포로를 쇄환하는 등의 굴욕 외교가 다반사였다. 역사 이래 이런 비통하고 분노할 사건들을 겪고, 식민 지배까지 당했건만 일본을 좋아하는 한국인이 나날이 증가하는 것을 보면 정말 난감한 현실이다.

태평양전쟁 이후 일본의 패망으로 미군은 일본 오키나와, 한국, 동남아 등지에 주둔하고 있다. 이런 군사적 상황이 계속되는 동안은 역사 이래 일본이 저질렀던 한반도 침략, 도발, 노략질, 행패 등은 발생하지 않을 것이다. 이제 한국은 미군의 덕으로 국가를 방어하며 안도하는 형국이 되었다. 자주국방은 단지 구호 문구에 그칠 뿐, 이런 위태로운 국가방위의 관념은 지금의 대한민국에서만 국한된 것이 아님을 인지해야 한다.

조선조가 중국 명·청조에 의존하는 국방 관념이나 대한민국의 미국 의존적 국방 관념이나 크게 달라진 것이 없다. 자주국방을 외치고 미군 철수를 주장하면 바로 빨갱이로 몰리는 것이 여기 대한민국이다. 이런 대외 의존적 성향의 시작 지점은 당연히 각 개인으로부터 시작된다.

한국의 가정에서는 자녀의 독립심을 기르는 단호한 교육보다 부모의 사랑이라는 명분으로 과잉보호하는 경우가 많다. 그런 가정에서 성장한 자식은 부모를 의지하고, 안정된 그늘에 안주하려는 성향이 많다. 부모와 자식의 과도한 연결성과 종속이 내리사랑이며 효도라고 착각하기도 한다.

자녀에 대한 지나친 간섭이 애정으로 오인하고, 과보호가 부모의 도리로 인식하기도 한다. 자녀 역시 부모의 이와 같은 교육방식에 익숙해지면 부모에 대한 의존도가 높아지는 것은 당연한 일이 되고, 부모·자식 간의 빗나간 역할구조는 사회와 국가의 개념으로 귀결되는 것이다.

사대사상은 비단 조선조에서만 존재한 것이 아니라 지금도 계속되고 있고, 그 흐름을 이어가려는 쪽이 더 우세하다. 조선조의 외교정책은 사대교린(事大交隣)이었다. 이는 '큰 나라는 섬기고 이웃 나라와는 사귄다'는 의미로, 사대는 중국이고, 교린은 일본, 류큐(오키나와), 여진 등이었다. 왜구의 노략질과 침략이 끊임없이 반복되어도 조선조는 물론 현대 한국사에서도 일본과의 관계는 교린으로 인식하고 규정하고 있고, 그렇게 되기를 원하고 있다.

조선조 초기에 교린으로 규정한 3개국 중 여진은 후에 명나라를 멸하고, 청나라를 건국하였다. 청은 명나라를 이어 조선조에게 사대를 이양받았다. 류큐는 일본에 복속되어 역사 속으로 사라졌다. 마지막 일본은 조선을 반세기 가깝게 식민 지배하였다. 현 대한민국은 벌써 능욕의 역사를 까맣게 잊고 다시 일본과 막역한 교린 관계를 원하는 정치권과 민심이 우위를 점하고 있다.

바다 건너 일본으로부터 늘 침탈, 노략질 등을 당하고도 얼마 지나 아무렇지도 않은 듯하기 일쑤이다. 지금 한국인

은 임진왜란을 조선이 스스로 물리쳤다고 위안하고, 식민
지배에서도 독립투쟁으로 해방을 쟁취했다는 혼돈과 자기
최면에 빠져 있다. 일본은 지리적으로 이웃 나라이지, 역
사적으로는 최대 적대국임에도 한국만이 홀로, 일본과는
애증의 관계라고 오인하거나 규정하고 있다.

역사적으로 따져 보면 조선의 대외정책인 사대교린은
중국 서주(西周, 기원전 1046년~기원전 771년)에서 비롯
되었다. 조선은 이를 그대로 모방하여 국가정책에 반영하
였다. 조선의 중국에 대한 사대주의는 굴욕적이기도 하지
만, 도를 넘을 정도라 해도 과언이 아니다. 중국의 중화사
상(**한(漢)민족이 이민족을 경시하고, 자신들이 세계의 중
심이자 가장 문명한 국가라는 관념**)을 본받아 조선에서는
소중화 사상을 표방하고 자청할 정도였다.

조선의 과도한 소중화 개념은 수많은 부작용과 병폐를
안기고 있다. 조선을 이은 한국인들은 일본에 당한 오랜
역사적 피해를 과거나 현재나 회복 속도가 빠르고, 쉽게
잊는다. 심지어 한국사회에서는 일본으로부터 당한 고난의
역사를 억누르거나 흩트리려고 하는 세력들이 더 위세를
늘 떨치며, 그 세력들의 권세는 전혀 누그러지지 않는 형
세가 계속되고 있다.

02. 청렴

청렴은 성품과 행실이 바르고 헛된 욕심이 없음이라고들 정의한다. 누구든 세상을 살면서 청렴을 유지하고 살아가기는 결코 쉬운 일이 아니다. 비단 공직사회에서만 청렴이 필요한 것은 아니다. 모든 사회, 직장, 가정, 개인의 생활에서도 반드시 요구되는 기본 덕목이다.

청결은 자신 및 주변의 물체를 깨끗하게 하는 것이라면 청렴은 자신을 물질적으로 깨끗함을 유지하는 것이라고 할 수 있다. 명확한 인과관계는 없지만, 자신이 물체적으로 지저분함에 익숙하다면, 물질적으로도 깨끗함을 이어가기가 쉽지 않아 보인다.

몇 해 전 어느 글씨체 연구가가 TV 출연하여 독립운동가들과 일제 부역자들의 글씨체를 비교 분석한 방송분이 있었다. 양측의 글씨체가 확연히 다른 점은 독립운동가들은 정사각형 형태로 반듯하며, 유연하지 못하고, 각지고, 규칙성이 두드러진다고 했다. 반면 일제 부역자들의 서체는 유연하고, 겹치기도 하고 규칙성이 떨어진다고 분석했다. 실제 TV에서 보여준 양측의 글씨체들이 설명과 유사했다.

대체로 일제 부역자들은 글씨체에서조차 올곧지 않고, 어느 쪽으로든 갈 수 있는 유연한 마음가짐이 내포됨을 확인할 수 있었다. 관료들이 청렴할 수 있는 확률은 매우 낮다. 물론 금전, 권한 등을 주물럭거릴 수 있는 위치, 보직 등에 한정된 말이긴 하다. 공무원 사회에서는 본인들이 청렴지수가 높다고 생각하지만, 일반 국민이 인식하는 공무원의 청렴지수는 그와 정반대이다. 국가별 청렴지수, 부패지수를 조사하면 대한민국은 두 부분 모두 중상위 그룹에 속하는 것으로 발표되고 있다. 둘 다 나쁜 지수는 아니지만, 청렴지수 역시 상위 그룹에 속하지도 않고, 부패지수 또한 최악의 경우는 아니다.

하지만 반드시 짚어봐야 할 내용은 청렴의 크기와 깊이이다. 예를 들어 100명의 공무원 중 단 1명이 청렴하지 못해 1년 중 국민세금 1조 원을 탕진했다면, 99명의 공무원이 아무리 청렴해 봐야 별 의미가 없는 일이다. 극단으로 99명의 공무원이 부패해 1년 중 각 1억 원씩 횡령했다면 국가 손실이 99억 원으로, 1조 원의 1% 정도에 그친다. 비록 극단적인 예이긴 하나, 정확한 내막을 들춰내지 않는 이상 청렴지수는 그냥 수치에 불과할 뿐이다.

앞서 글씨체마저 올곧지 못했던 일제 부역자들은 일제와 공조하고, 한일병합에 서명하며 엄청난 돈을 챙겼다. 당시 나라를 팔고자 앞장섰던 자들은, 조선의 전체 공직자들도, 전 조선인들도 아닌, 을사오적이니 뭐니 하는 조선 조정의 관료 몇 명에 불과했다. 국권은 그렇게 몇 명에 의해 어이없이 찬탈당했다. 그리고 잊지 말아야 할 일은 을사오적을 출현하게 하고, 강제병합 당해야 할 만큼 쇠약한 국가로 만든 것은, 공직자를 비롯한 전 조선인이다.

일반 대중들은 공직자가 부패하고 비리를 저지르면 비분강개하며 '이게 나라냐' '나라 꼴 잘 돌아간다' 욕을 하고 탄식한다. 마치 본인의 삶은 완전무결하고 청렴이 생활화된 사람처럼 말이다. 사실 일부 일반인들도 커다란 부정부패와 비리를 저지를 권한이나 대상이 없어 못 할 뿐이지, 처지가 달라지면 별반 다를 게 없다.

상습 범죄자가 아니더라도 각각의 직장 내에서 돈과 관련하여 직접 연관된 업무를 하는 사람들 가운데 가끔 크고 작은 횡령이나 비리를 일으키는 경우가 있다. 금전을 직접 출납하지 않는 업무의 직원조차도 대외비, 활동비, 식사비, 구매비 등등을 부풀리거나 거래처로부터 수수료를 상납받거나 회사 물품을 사적으로 사용하는 등등의 크고 작은 일들은 사실 흔한 일이다. 금액의 단위와 규모에 따라서 서로 알고도 모른 척, 모르고도 모른 척 넘어가는 게 일반적이다. 중요한 것은 상습과 정도이다. 묵인하고 수긍할 수 있는 보편적 한계점이 넘으면 범죄이다. 징계 등 법적 처벌이 반드시 따라야만 한다.

성악설을 주장한 순자는 인간의 본성은 악하다고 했듯 세상 모든 사람은 악한 마음을 버리기가 매우 어렵다. 누구나 선과 악의 경계에서 자칫 잘못 판단하면 악을 택할 수 있게 된다. 악은 선보다 쉽고 편하기에 행하기 좋다. 누구든 악을 멀리하려면 악의 본성을 제어할 심성이 갖춰져 있어야만 한다. 그렇지 않으면 어려운 선의 청렴보다 악의 부정부패를 가까이하게 된다.

실록에서도 청렴과 거리가 먼 부정부패한 관리를 단호히 잘라내지 못하는 모습을 어렵지 않게 찾을 수 있다.

『세종실록 27권, 세종 7년 2월 2일 임인 1425년 명 홍희(洪熙) 1년, 중외의 관리 모두 고소를 허용하는 것에 대한 좌사간 유계문 등의 상소문.

좌사간(左司諫) 유계문(柳季聞) 등이 상소하기를,
"백성을 다스리는 근본이 수령을 〈선택함보다〉 더 중한 것이 없으니, 수령으로 그 〈참된〉 사람을 얻으면, 백성이 그 복을 받고, 그 사람을 얻지 못하면, 백성이 그 화(禍)를 받을 것이니, 어찌 '청렴'한 사람을 택하여 쓰지 않으오리까.

…중략…

지금 경기(京畿) 교하현(交河縣)의 서원(書員) 정을방(鄭乙方)이 죄에 걸림을 두려워하여, 사노(私奴) 두을언(豆乙彦)으로 이름을 고쳐 그 수령 조만안(趙萬安)의 범한 바를 고하여 말하기를, '기민(飢民)을 구제할 미곡 30석을 사사로이 매각하여 남용(濫用)하였고, 국고 의창(義倉)의 환상곡(還上穀)의 수납을 과중하게 하고는, 이를 다시 두량(斗量)하여 따로 저장하였다.'하였사오니, 그 고소한 바와 같다면, 이도 또한 장리(贓吏:**재물을 사취한 관리, 탐관오리**)인데, 고한 자만이 홀로 그 죄를 받는다는 것은 진실로 마음 아픈 일입니다.

…중략…

원컨대, 이제부터는 중외(中外:**안과 밖**)의 관리로서 만약 관민(官民)의 재물을 착복(着腹)한 자가 있으면, 모두 고소를 허용하여 탐오를 징계하고 민생을 위로하도록 하옵소서."

하니, 임금이 말하기를,

"이는 급한 일이 아니다. 내가 후일에 친히 너희들을 보고 말하리라." 하였다.』

위는 수령의 부정부패, 비리가 도를 넘어 백성이 피폐해지는 것을 더는 보다 못한 서원 정을방이 두려움에도 불구하고, 수령 조만안을 고발한다. 이를 상소를 담당하는 사간원 유계문이 국왕 세종에게 간언하고 징계를 요청했으나 묵인한다는 내용이다.

이로부터 3년 후, 조만안의 착취 심각성을 두고, 이제는 관원 감찰과 풍속 교정 등을 담당하는 사헌부에서 재차 세종에게 간하게 된다.

『세종실록 41권, 세종 10년 9월 5일 갑인 1428년 명 선덕(宣德) 3년. 조만안이 교하 현감이었을 때 남용한 미곡과 잡물을 징수하게 하다.

사헌부에서 계하기를,

"조만안(趙萬安)은 교하 현감(交河縣監)이었을 때에 미곡(米穀)을 1백 60여 석이나 남용하였고, 또한 관청의 쌀로 소금을 바꾸어다가 억지로 민간에 팔아서 잡곡을 많이 거둬들였습니다. 또 기름·쇠·종이·붓 따위의 물건을 민호(民戶)에서 추렴(抽斂)하여 썼고, 또 한전(閑田)과 관가(官家)의 재목을 고득종(高得宗)의 종에게 주고 좋은 말[馬]과 바꿨으니, 그가 공적(公的)인 것을 빙자해서 사적(私的)인영리를 도모하여 포학하게 거둬들여 백성을 해롭힘이 이보다 심할 수가 없을 것입니다. 비록 사유(赦宥)가 지나서 치죄(治罪)할 수 없다 하더라도, 청하건대 남용한 미곡과 남에게 증여한 잡물(雜物)은 징수하소서.

하니, 그대로 따랐다.』

왕조시대나 현 사회나 아무리 중죄를 범했더라도 결정권자가 묵인하면 범죄가 성립되지 않는 것은 마찬가지이다. 결정권자의 나쁜 묵인은 시대가 바뀌도 변화가 어렵다. 흔히 '사람은 쉽게 바뀌지 않는다' 했듯 악행을 저지르는 자는 대부분 그대로 이행한다. 사간원에서 처음 세종에게 간했을 때, 조만안을 즉시 처벌했으면 교하현(**지금의 파주시**) 백성의 고단한 삶을 조금이라도 일찍 줄일 수 있었고, 부패도 척결해 본보기가 되었을 듯한데 그러하지 못했다.

지금도 사회 곳곳에서 청렴하지 못하고 사리사욕을 채우는 실제 현장들이 만천하에 드러나도 여러 입장과 관계 등 내세워 처벌을 유예하며, 화를 더 키우는 사례는 왕조시대와 전혀 다르지 않다.

03. 남용

사람을 포함한 살아 있는 모든 생물은 자신의 탐욕을 다스리기는 쉽지 않다. 더군다나 많은 권력과 돈의 흐름을 쥐고 있는 곳에서는 여기저기서 저마다 바르지 않은 생각을 가지고 몰려드는 무리가 있기에, 권력 남용의 유혹도 함께할 수밖에 없다. 사람 사는 세상에는 고대나 현대나 삶의 기본 형식은 바뀔 수 없다. 권력 남용에 관한 옳고 그름도 이긴 자 또는 힘 있는 쪽이 정하는 것이니, 그리 대단할 것도 정의로울 것도 없다.

권력이 있는 곳에서는 근본이 깨끗하지 못하고 주변이 맑지 못하면, 권력의 힘 조절을 하지 못하거나 조절 자체를 무시하는 행태로 변질됨을 주저하지 않게 된다. 근본이 깨끗하지 못한 자는 대부분 악습을 반복하게 되어 있다. '제 버릇 개 못 준다'는 속담이 있는 것만 봐도 잘 알 수 있다. 지금 바로 이 순간에도 권력을 남용하고도 죗값은커녕 오히려 칭송받는 악폐는 끊이지 않는다. 조선시대의 권력 남용도 여전한 일이다.

조선왕조실록에서 세종은 선대부터 관직을 맡아온 자를 행실은 바르지 않았으나, 개전할 기회를 주며 신임하게 된다. 믿는 도끼에 발등 찍히듯 그의 악행으로 인해 왕과 신하 상호 불편함이 가중되는 것이 실록에 다음과 같이 있다.

『세종실록 5권, 세종 1년 9월 6일 무신 1419년 명 영락(永樂) 17년, 사헌부 장령 정연이 이양수를 의천 군수에 제수함이 불가함을 아뢰다.

정사를 보는데, 사헌부 장령 정연(鄭淵)이 아뢰기를,
"새로 제수한 의천(宜川) 군수 이양수(李養修)는 전에 풍저창 부사(豊儲倉副使)로 임명되어 감시할 적에, 제가 스스로 도적질하였으니, 범죄를 저지른 정상이 매우 중합니다. 양수가 재능이 있다 하여도 그것으로 죄상을 면제시킬 수 없겠거늘, 황차 문무(文武)에 아무런 재간도 없는 것을 어떻게 백성을 다스리게 할 수 있습니까. 또 전 의천 군수 박소(朴蘇)가 국고의 물건을 사용(私用)으로 없앴으므로 추징하게 하고, 연루되어 체포된 자도 아직 아무런 결

말이 나지 않았는데, 만약 양수가 후임으로 가서 그 탐오한 행동을 자행한다면 의천 백성은 무슨 죄로 연거푸 두 도적을 길러야 하겠습니까."

하니, 원숙이 아뢰기를,

"양수가 범죄를 저지른 뒤에도 아직도 개전(**잘못을 뉘우치고 바르게 고침**)하지 아니하여, 이르는 곳마다 추문이 들려오니, 사헌부의 말을 듣는 것이 합당할까 합니다."

하니, 임금이,

"그렇다면 곧 다시 개전하게 하여라."

하였다.』

실록을 살펴보면 이양수는 태종 시기에도 관직에 있으며, 횡령 등 불미스러운 사건으로 파직과 천거를 반복한 인물이다. 그는 세종 때 역시 관직을 맡았는데, 사헌부 등에서 이양수의 계속된 횡령 사건과 행실을 거론하며 몇 차례 파면을 상소했다.

하지만 실록에서는 세종이 이양수를 파면했다는 기록은 없다. 세종의 선친인 태종은 퇴위 후였음에도 이양수 등을 두고 사헌부에 대해 상당히 불편한 심기를 드러낸 부분이 있다. 추측하건대 세종이 이양수를 굳이 신임한 것은 태종에 이어 세종 두 임금이 사헌부와의 미묘한 갈등으로 인해 사헌부의 상소를 배척한 것 아닐까 싶다.

다음을 보면 당시 태종, 세종과 사헌부 간 불편한 내막
이 나타나고 있다.

『세종실록 8권, 세종 2년 4월 24일 임술 1420년 명 영
락(永樂) 18년, 상왕이 헌부의 무례함을 꾸짖다.

상왕(태종)이 풍양에서 낙천정으로 돌아오니, 임금(세종)
이 충량포(忠良浦)에 나아가 영접하였다. 상왕이 목장 가
운데에 이르러 말을 세우고, 쫓아가던 재상 조말생·원숙·권
도(權蹈)·문효종(文孝宗)·유은지(柳殷之) 등을 말 앞에 나오
게 하고 말하기를,

"이제 경들이 나의 소위(所爲)를 진술한 것을 보고 사헌
부에서 병조 영사(兵曹令史)를 불러서 나의 거동을 물었다
하니, 이것이 무슨 예절이냐. 홍여방은 공신의 아들로 헌
부의 장이 되어 거만스럽게 나의 거동을 묻고 주상(세종)
에게 고하여 금지시키라고 하여, 마치 백관을 규탄하는 것
같이 하였으니, 어찌 애경하는 마음이 있다고 할 것인가.
    …중략…
또 전조 말년에, 모든 죄 있는 자를 혹시 귀양보내게 명
령하였어도 대성(臺省)에서 구속해서 붙들고 보내지 아니
하고 다시 국문하려 하였나니, 이것은 신하로서 임금을 거
역하는 것이라. 그러므로, 내가 즉위한 뒤부터는 그런 폐

단을 개혁하고자 하여, 만일 다시 국문할 일이 있으면, 다시 신청하게 하고 마음대로 구속하는 것을 허락하지 않는다고 영을 내렸었는데, 이제 회양 부사 이양수(李養修)는, 주상이 이미 부임하라고 명하였는데도 헌부에서 공문을 보내어 공무를 집행하지 못하게 하였으니, 지극히 불경한 일이다. 원숙은 근시하는 신하가 되어서 어찌하여 옳고 그른 것을 말하지 아니하였는가."

하니, 원숙은 황공하여 부복하고 한마디도 대답하지 못하였다. 상왕이 낙천정에 이르니, 박은과 이원이 문안하고 아뢰기를,

"헌부가 매우 무례하였사오니, 이제 의금부에 하옥하고 국문하는 것이 의당하오이다."

하므로, 상왕이 집의(執義) 박서생(朴瑞生)과 장령 정연(鄭淵)을 의금부에 하옥하라 명령하니, 이는 여방 등의 공초에 두 사람이 끌려 들어간 연고이다.』

위의 기록으로만 보면 이양수를 두고 세종과 태종 그리고 사헌부 사이에 서로 권력 남용과 분쟁, 알력의 심각함이 고스란히 드러나고 있다. 위 실록에서 태종과 미묘한 갈등을 빚고 있는 사헌부는 고려 말기 및 조선시대 언론활동, 풍속 교정, 백관에 대한 규찰과 탄핵 등을 관장하던 관청23)이다.

인사가 만사라고 유능한 인재 발굴도 어렵지만, 어렵게 구한 인재라도 적재적소에 기용하는 것 또한 쉬운 일이 아니다. 예나 지금이나 '일하려는 사람은 많아도 일할 만한 사람은 없다'는 말을 입버릇처럼 하곤 한다. 사람은 넘쳐나지만 제대로 일할 사람은 늘 부족한 것이 현실이다.

위의 조선시대에도 부패한 관리임을 알고도 계속 기용하는 것은 사취가 일부 묵인과 용인이 되는 시대 분위기였다. 아울러 더 특별히 나은 인재 또한 없었다는 방증이기도 하다. 이에 더해 상호 복잡하게 얽힌 인맥 관계도 작용하는 것이다.

현 사회에서도 부정부패한 관료, 정치인들이 법의 잣대와 무관하게 현직을 유지하고 법을 조롱하는 행위를 어렵지 않게 확인할 수 있다. 시민의식 또한 그들을 일부 묵과하고 용납하는 분위기가 일그러지게 편성되기도 한다.

조선시대와 현 사회를 직접적으로 비교하는 것은 무리가 있지만, 공직사회만큼은 반드시 진취적 변화가 있어야만 한다. 하지만 한국의 공직사회는 조선의 부패한 공직사회와 크게 달라진 점을 찾기 어렵다.

부정부패가 불씨가 된 권력 남용은 시대를 거르지 않고 이어지는 모습이 보기에 매우 불쾌하기만 하다. 이러한 일

---

23) 한국민족문화대백과사전

들이 반복되는 것은 나쁜 인간의 본성도 있지만 아무리 강력한 처벌 규정이 있어도 사람을 봐 가며 처벌 수위를 저울질하는 악습이 대를 이어 오고 있기 때문일 것이다.

04. 명칭

국가의 명칭을 비롯한 도시, 마을 등 사람의 이름까지 어떻게 부르고, 짓는가는 매우 중요하다. 그렇기에 작명가도 존재한다. 국가의 제일 첫 구성원인 가정에서의 부모도 자식이 성공하고 부귀영화를 누리길 바라는 마음으로 여러 방도로 고심해서 자식의 이름을 짓는다.

한반도 국가의 명칭은 국가와 시대에 따라 여러 번 바뀠다. 국가는 내분과 외침으로 쇠망하여도, 재건할 때는 국가의 연속성을 이어받기 위해 가장 번창하고 빛났던 시대의 국가명을 차용하기도 한다.

고대 한반도 국가 중 가장 강력하고 번창했던 국가가 고구려임은 누구도 부인할 수 없다. 고대국가인 고구려, 백제, 신라를 지나 통일신라가 되었다가 다시 분열한 후삼국을 태조 왕건이 통합하며 국가명을 고려로 정했다. 조선시대에 편찬한 '고려사'에서 국명을 왜 고려로 정했으며, 이어받았는지에 대한 설명은 찾을 수 없다. 유추하건대 고려에 담긴 의미는 왕건이 고구려의 후예이기도 하지만, 광활한 영토를 지배했던 강성 고구려의 시대로 회귀하고자 함도 내포되었을 것이다.

아직도 학계에서나 교과서에서 명확하게 교육하거나 표기하지 않지만, 고대 고구려의 정식 국가명은 고려이다. 이는 이미 거의 모든 사람이 알고 있는 내용이기도 하며, 고대 고려와 왕건의 고려를 구분하기 위함인 것뿐이다.

고려 이후 이성계가 조선으로 국호를 바꾼 연유는 실록에 이렇게 기록되어 있다.

『태조실록 1권, 태조 1년 7월 17일 병신 1392년. 명 홍무(洪武) 25년, 태조가 잠저에 있을 당시 여러 가지 개국의 조짐이 나타나다.

상략...

"목자(木子:이씨,李)가 돼지를 타고 내려와서 다시 삼한(三韓)의 강토를 바로잡을 것이다."

중략...

또 조명(早明)이란 말이 있는데 사람들이 그 뜻을 깨닫지 못했더니, 뒤에 국호(國號)를 조선이라 한 뒤에야 조명

(早明)이 곧 조선(朝鮮)을 이른 것인 줄을 알게 되었다.

　하략…』

　위 기록을 보면 이성계의 조선이 고대 단군조선의 국호를 이어받았다는 내용은 없다. 그리고 500년의 유구한 역사를 지닌 조선이 쇠망할 무렵 국호를 대한(大韓)으로 바꿨고, 한(韓)의 내용은 다음과 같다.

『고종실록 36권, 고종 34년 10월 13일 양력 1897년, 대한 광무(光武) 1년. 국호를 대한으로 하고 임금을 황제로 칭한다고 선포하다.

　반조문(頒詔文)에,

　"봉천 승운 황제(奉天承運皇帝:**조서에 쓰는 황제의 자칭**)는 다음과 같이 조령(詔令)을 내린다. 짐은 생각건대, 단군(檀君)과 기자(箕子) 이후로 강토가 분리되어 각각 한 지역을 차지하고는 서로 패권을 다투어 오다가 고려(高麗) 때에 이르러서 마한(馬韓), 진한(辰韓), 변한(弁韓)을 통합하였으니, 이것이 '삼한(三韓)'을 통합한 것이다.

　중략….

　올해 9월 17일 백악산(白嶽山)의 남쪽에서 천지(天地)에 고유제(告由祭)를 지내고 황제의 자리에 올랐다. 국호를

'대한(大韓)'으로 정하고 이해를 광무(光武) 원년(元年)으로
삼으며,

　하략....".』

　앞서 언급했듯이 고종, 순종실록은 일본제국이 간여한
기록물로써 왕조실록으로 인정하지 않으며, 세계기록유산
에도 등재되지 못했다. 위 국호를 '대한(大韓)'으로 정한
의미는 고려 이전 삼한이 존재했으므로 이를 이어받고자
한(韓)을 택했다고 담백하게 설명하고 있다.

　고종이 거론한 삼한의 정치체제나 생활상 등등은 삼한
이 존립했을 때, 중국의 당대 역사서인 삼국지, 한서, 후
한서 등에 기록되어 있다. 한반도에서는 삼한(기원전 2세
기~서기 3세기)이 소멸된 지 1천여 년 지난 1200년대 편
찬한 삼국사기나 삼국유사 등에서 언급을 찾을 수 있다.
현재 한국의 교과서, 역사서에서는 삼한의 역사를 심도 있
게 다루지 않고 있다. 기록 자체를 중국 역사서를 근거로
해야 하는 것도 있지만, 삼한에 대한 한반도 자체 역사 기
록은 매우 미미하다. 한편 백제, 신라, 가야를 삼한이라고
도 하고, 고구려, 백제, 신라를 포괄하는 견해도 있다.

　국호를 '대한'으로 정하고 고종 자신을 '황제'로 칭한
1897년 즈음의 시대적 상황을 살펴보면 자주국가와는 많
이 동떨어져 있다. 일본은 1870년대 정한론(征韓論)이 대

두되어 조선을 정벌하려고 계획을 세웠다. 그때에는 한 (韓)을 사용하는 대한제국은 당연히 존재하지 않았는데, 정조론(征朝論)이 아닌 정한론이라고 한 것은, 조(朝)는 일본의 조정(朝廷:천황을 의미)을 가리키기 때문이었다. 일본의 고대 역사서 등에서는 한반도를 삼한으로 자주 지칭하기도 했다.

부연하면 1920년대부터 시작된 '일본과 조선은 한 몸'이라는 내선일체(內鮮一體) 선동 구호는 식민지 조선과 격차를 두기 위해 '궁궐, 조정, 나라 안'이라는 의미도 있는, 일본을 뜻하는 내(內)를 먼저 두었다. 그 뒤에 조선의 앞글자 조(朝)가 아닌 굳이 선(鮮)을 택해 내선(內鮮)이라 한 것을 보면, 일본제국은 조(朝)를 함부로 사용하지 못했음을 알 수 있다.

1875년 일본은 군선 운요호로 강화도, 영종도를 습격하여 약탈, 학살, 방화, 점령한 후 1876년 조일수호조약이라는 불평등조약을 체결하며 침략의 발판으로 삼는다. 동학농민운동으로 촉발된 청일전쟁(1884~1885)은 일본이 승리하면서, 청나라는 조선의 종주권을 포기하게 된다. 이후일본은 조선에게 기득권을 행사하기 시작하며 내정에 관여했다.

고종이 황제로 칭하기 2년 전(을미사변 1895년), 조선의 궁궐 내에서 왕후가 일본의 낭인들에게 시해를 당했음에도 아무런 대응조차 할 수 없었던 무력한 정부였다. 이는 이미 자주국가가 아님을 만천하에 천명하는 것이다. 그리고 또 국호를 대한으로 개칭하기 9개월 전, 고종실록에는 다음과 같은 내용이 있다.

『고종실록 35권, 고종 34년 1월 18일 양력 1897년. 대한 건양(建陽) 2년. 일본 황태후가 붕서하였으므로 9일간 행궁에서 상복을 입다.

일본(日本)의 황태후(皇太后)가 붕서(崩逝:사망)하니 각국에서 보복(報服)한 규례에 비추어 19일부터 27일까지 9일간 행궁(行宮)에서 상복(喪服)을 입었다』.

조선의 왕후는 일본의 낭인들에게 능욕적인 죽임을 당한, 그 2년 후 일본의 황태후가 사망했다고, 조선의 궁궐에서 규례를 들먹이며 9일간 상복을 입었다는 것은 이미 일본에 종속되었음을 시사하는 행위이다.

고종이 말한 '삼한'은 중국과 일본이 더 많이 기록하고 거론했다. 강성국가도 아니었던 부족국가인 굳이 삼한을 차용 '대한'으로 국호를 정한 것은 그다지 공감이 가지 않는다. 국호 변경의 시기도 일제 침략의 전조와 거의 일치하기도 한다.

그리고 일본은 한반도를 침략할 때는 삼한을 뜻하는 정한론을 내세운다. 일본서기에서 서기 200년경, 신공황후가 신라를 정벌했다는 기록에서 삼한이 나오는데, 이는 한반도 역사서보다 수백 년 앞선 삼한의 등장이다.

　　『...그래서 내관가둔창(內官家屯倉)을 정하였다. 이가 소위 삼한(是所謂之三韓也)이다. 황후는 신라에서 돌아왔다.』[24]

　　'내관가둔창'은 임나일본부설에 해당되는 기관을 뜻하는 것으로 가늠된다. 한국학계에서는 일본서기의 위 내용 등을 사실로 인정하지 않고 있다. 하지만 720년에 완성된 일본 역사서에서 삼한이 기록됐다는 사실까지는 부인할 수 없다. 그들은 삼한의 기록을 한반도 역사서보다 더 앞서 남겼고, 전해지고 있다.

　　실제 한반도 역사에서는 빛을 보지 못한 삼한을, 앞서 태조 이성계도 국호 조선을 정할 때 삼한을 언급했다. 그리고 이어 고종은 아예 삼한의 한을 국명으로 선택했는데, 어떤 연유였는지는 알 수 없다. 일제강점기가 끝난 후에도 친일 세력이 득세한 한반도 남쪽에서는 다시 대한(大韓)을

---

24) 완역 일본서기, 전용신 역. 일지사 1992년, p.154

국명으로 이어받았고, 북쪽에서는 조선을 이어받게 된다. 그러면서 남쪽은 한국인, 북쪽은 조선인이 되고 말았다.

또한 남측과 연을 둔 재일, 재미 등의 해외동포들은 한인(韓人)이 되고, 북측과 연을 둔 재일 등 해외동포들은 조선인이라 부른다. 북측과 물리적, 심리적으로 가까운 중국동포들은 조선족이 되고, 러시아, 중앙아시아 등의 동포들은 고려인으로 제각각 부르고 있다. 같은 민족이고도 민족의 고유 명칭마저 통일할 수 없음은 민족의 또 다른 비극이 아닐 수 없다.

05. 신뢰

사람의 거짓말은 언어를 습득하는 3~4세 때부터 시작한다고 한다. 말을 할 수 없는 영아 때도 거짓 행동과 거짓 울음으로 부모를 속이기도 한다. 많은 동물도 그들만의 각가지 언어를 사용하며 상호 소통하는 것으로 이미 밝혀졌다. 동물들은 야생에서 같은 무리끼리 그들의 언어로 상호 거짓말을 하는지는 밝혀지지 않았지만, 거짓 행동하는 것은 야생, 애완동물들을 통해 쉽게 확인할 수 있다. 심지어 곤충, 벌레조차 위험을 감지하면 죽은 척 거짓 행동하는 것을 볼 수 있다.

이처럼 많은 생물이 거짓말 또는 거짓 행동하는 것은, 본능으로 여겨진다. 사람은 다른 동물과 비교해 지능은 물론 언어도 워낙 발달하다 보니 나쁜 본능을 더 교활하게 이용하고 있다. 타인과 여러 가지 대화를 하다가 본의 아니게, 의도하지 않게 거짓말을 하거나 해질 수 있다. 하지만 의도적, 상습적으로 거짓말을 하는 사람이 매우 많고, 거짓말을 이용하여 타인과 사회에 해악을 끼치고 범죄로 악용하는 사람들도 넘쳐나고 있다.

거짓말에 관한 여러 연구가 있지만, 그 연구들이 거짓말을 감소 또는 개선하게 하는 묘책이나 해결책과는 무관하다. 거짓말 탐지기 등이 개발되어 거짓말의 진위를 다소 가려낼 수는 있어도 인간의 본능적 거짓말을 없애는 방안은 아니다.

사회가 지탱되는 원천은 여러 가지가 있겠으나 그중 가장 기초가 되는 것이 약속이다. 질서, 규범, 법규 등등 크고 작은 모든 법 조항을 만들어 모두가 지키고자 약속하는 것이다. 그 약속이 무너지고 어긋나면 정상적인 인간관계, 나아가 사회, 국가 존립이 어렵다. 약속은 곧 신뢰이다. 서로 믿을 수 있어야 한다.

한국은 선진국이나 서구사회보다 신뢰도가 낮다. 한국사회에서는 친구 또는 지인 간 의리와 우정을 바탕으로 의기투합, 동업을 시작했다가 서로 돈을 두고 믿지 못하거나 의견 차이로 금이 가는 경우는 거의 진리가 될 정도이다. 또한 가까운 사람들 간 돈을 빌려 놓고 갚지 못해, 갚지 않아 사이가 멀어지는 일은 셀 수도 없이 많다. 이는 사기, 금융범죄에 집계되지도 않는 사건 속의 사건이 될 정도이다. 신뢰를 저버리는 거짓말을 악용, 무기화한 사기 등에 관한 범죄율은 선진국, 특히 옆 나라 일본보다 매우 높은 편이다.

서로를 믿지 못하게 되니 사소한 일에도 고소·고발이 난무하게 되고, 법으로 해결해야 하는 일들이 쌓이게 된다. 이에 더해 거짓의 진위를 따지는 무고와 위증 사건은 이미 한계점을 넘은 상태이다. 고소·고발, 무고·위증 사건의 수는 옆 나라 일본과 비교해 수십 배를 초과한다는 사실은 이제 고전이 될 정도이다.

한국이 위 사건들의 수치가 많은 것은 사건 접수, 성립 등이 일본보다 비교적 쉽기 때문이라는, 여론을 의식한 주장도 있다. 그렇다면 한국도 사건 접수, 성립 자체를 일본과 똑같이 하거나 매우 어렵게 해서 어떤 변화가 나타나는지 확인하면 될 일이다. 사건 성립을 쉽게 만든 것도 한국이고, 그에 따라 사건 접수를 많이 하는 것도 한국의 몫이다.

애당초 고소·고발, 무고·위증 사건이 없으면 아무런 사건이 성립되지 않고 접수도 하지 않을 것이다. 대개 한국에서는 좋지 않은 사건, 사고 등의 수치가 다른 나라에 비해 나쁜 쪽으로 많을 때 항상 조사방법, 집계방식 등등의 차이 때문이라는 어정쩡한 비호 발언이 꼭 첨부, 등장한다.

아무튼 한국의 부모들은 지극히 본능적인 거짓말을 신생아 때부터 관용적으로 묵인하는 경향이 있다. 본인 자녀에게는 모든 것을 해 줘야 한다는 지나친 내리사랑을 가지고 있고, 자식을 한 인격체로 대하기보다 자신의 소유물로 인식하려는 경향도 있어, 적지 않은 폐단이 연출되기도 한다. 그렇기에 자식에 대한 잘못된 훈육관이 은연중 표출되기 십상이다. 가정이라는 울타리 내에서 부모의 지시에는 거짓말을 비교적 엄격히 제재하려는 반면 가정 외의 공간에서는 거짓을 용인하려는 경우가 허다하다. 공공장소에서 자신의 아이가 무례하고 그릇된 행동을 해도 대부분 개의치 않거나, 때로는 부추기기도 하는 것이 보통의 한국 부모들이다. 아이의 이러한 행동은 부모에게는 귀엽고, 예쁘고, 사랑스럽고, 기를 북돋아 주는 옳은 일이라 판단하겠지만, 이를 보고 겪는 타인은 불쾌하고, 짜증스럽고, 불편할 수밖에 없는 일이다. 그런데 공공장소에서 불쾌감을 느낀 그 타인도 반대 상황이 되면 본인 아이에게 똑같은 방관의 행동을 하지 않는다는 보장 또한 없다.

공공장소에서 무례하게 한 행동들이 잘못됐다는 것을 부모로부터 명확히 교육받지 못하고 성장한 아이는 사회악이 되는 거짓과 거짓말에도 죄의식에 둔감해지게 된다. 사회 공동체 생활에서마저 무례한 행동을 별로 개의치 않게 되고, 뻔뻔한 모습이 당연한 것처럼 행하게 되기도 한다. 그렇게 나쁜 대물림은 계속 이어가게 되는 것이다.

거짓이 연관된 사건·사고가 일본 등 서구국가에 비해 많다고 전술했듯, 조선왕조실록에도 무고(誣告)의 사건들이 매우 많다. 무고(誣告)는 거짓을 꾸며, 타인을 모함 및 해를 끼치기 위해 고소·고발하는 사건을 말한다. 조선왕조실록 데이터베이스에 무고(誣告)를 검색하면 총 1,895건으로 국역이 866건, 원문이 1,029건이 나온다.

실록은 주로 왕과 관료, 양반 사회 등에 관련된 기록으로 무고 또한 대부분 그들과 연관된 일이다. 일반백성의 무고 사건 기록은 거의 없어 조선 사회 전체에 대한 무고 사건의 규모나 횟수는 알 수 없다.

또한 다른 나라는 조선왕조와 같이 500년 왕조역사를 한결같이 기록한 기록물이 존재하지 않기에 위와 같이 무고의 사건 횟수를 직접적으로 확인 및 비교할 수는 없다. 하지만 세상사, 인간사 과거나 현재나 별 차이 없는 것은 자명하고, 지금을 보면 과거가 보이는 것이니 실록에서 확인된 무고 사건 횟수가 바로 오늘날과 비교하면 얼추 맞지 않을까 싶기도 하다.

『성종실록 10권, 성종 2년 5월 1일 계유, 1471년 명 성화(成化) 7년. 의정부에 전교하여 익명의 투서는 불문에 붙이도록 하다.

의정부(議政府)에 전교하기를,

"부장소 서원(部將所書員) 박성의(朴成義)는 불법한 짓을 많이 하여 도총부(都摠府)에서 적발하였는데, 원망하여 본부 당상(本府堂上)·낭청(郎廳)에게 터무니없는 말을 만들어 무고(誣告)하고, 서리(書吏) 김선도(金善道)의 이름으로 가칭(假稱)하여 강양군(江陽君) 이융(李瀜)의 집에 투서(投書)하더니, 이제 또 익명(匿名)으로 궐내(闕內)에 투서(投書)한 자가 있으니, 이것은 모두 간활(奸猾)한 무리가 자기에게 불편(不便)한 것이 있으면 문득 부도(不道)한 말을 얽어 만든 것이다. 이러한 풍습이 한 번 시작되면 사람들은 뉘라서 스스로 편안하겠느냐? 금후로 모든 익명(匿名)의 투서는 비록 국가의 중대한 일에 관계되었다 하더라도 한결같이 모두 불문(不問)에 붙이고, 반드시 고발한 이가 나타나기를 기다려서 바로 청납(聽納)하되, 만일 현장에서 잡힌 자가 있으면 모두 법대로 처치하여 용서하지 않을 것이니 중외(中外)에 효유(曉諭: **왕이 백성들에게 어떤 사항에 대하여 깨우쳐주거나 타이르는 것**25))하라." 하였다』.

위 실록에서 불법을 저지르고 자신의 죄를 덮으려 무고하고 투서 등을 한 박성의(朴成義)는 부장소 서원(部將所書員)으로 궁궐 경호를 담당하는 도총부 군령기관 소속 하급관리

---

25) 위키 실록사전

이다.

'...서리(書吏) 김선도(金善道)의 이름으로 가칭(假稱)하여 강양군(江陽君) 이융(李瀜)의 집에 투서(投書)하더니...'라고 했는데, 서리(書吏)는 서원(書員)인 박성의의 한 직급 위 계급이고, 강양군(江陽君) 이융(李瀜)은 세종의 손자[26]이다.

자신의 죄를 감추기 위해 왕족까지 모함하는 작태를 보면 정말 가관이다. 선천적으로 거짓과 악으로 가득한 자는 그 무엇으로도 고쳐지지 않는다. 영원한 격리만이 유일한 방법이다. 교육과 학습으로 개선이 가능한 자들을 대상으로 꾸준히 가르쳐야 신뢰사회로 다가갈 수 있을 것이다.

사회적 감시 없이 개인적 신뢰만 의지하는 것은 한계가 있고 허상에 부딪힌다. 사회규범과 질서를 중심으로 상호 신뢰를 쌓아가야 건전한 사회에 도달할 수 있을 것으로 판단된다.

---

26) 한국민족문화대백과사전

06. 표절

'하늘 아래 새로운 것은 없다.', '창작은 모방으로부터 나온다.' 등등은 과거에는 존재하지 않았던, 전혀 새로운 것은 만들 수 없다는 격언이다. 대단하고 획기적인 발명품도 모방을 토대로 많은 실패와 실수를 거듭하여 성공에 이르기 마련이다.

개인의 다양한 창작물에 대한 저작권 보호법은 15세기경 서구 국가에서 처음 생성한 것으로 보고 있다. 한국에서의 저작권법은 1957년에 제정되었고, 시대의 변화에 따라 다양한 분야에 걸쳐 법을 개정해 왔다.

다른 사람의 창작물을 표절하면 저작권에 침해를 가하는 행위이지만, 이를 모두 법적으로 접근하거나 법으로 해결할 수도, 해결되지도 않는 난해한 경우도 많다.

본고에서는 표절의 법적인 문제보다 도덕과 양심의 잣

대를 살피려 한다.

시, 소설, 논문, 과제물 등등 글로써 창작물을 생산하는 일은 결코 쉬운 일이 아니다. 학창 시절에는 과제물 또는 짧은 글이나 시 등은 누구나 작성해야 하기에 표절의 유혹과 마주하게 된다. 인터넷이 대중화된 이후 표절이 더 심각해지고, 일상적인 현상이 되고 말았다. 2000년대 들어서 이를 방지하기 위해 미국 등지에서 표절 검색프로그램이 개발되었으며, 현재는 보편화될 정도이다. 요즘은 인터넷 검색만 해도 데이터베이스 등을 통해 원작자를 비롯한 원본을 쉽게 찾을 수 있어, 1차 적으로 표절과 도용 여부를 확인할 수 있게 되었다. 도둑질의 기술이 발전하면 도둑 잡는 기술도 발전해야 하는 단순한 논리이자 변화이다.

도둑질의 기술이든 도둑 잡는 기술이든 무한하게 발전하고 있지만, 인간들의 도덕과 양심은 절대 발전하지 않는 것이 만고불변이다. 비도덕과 비양심이 가득한 사람들로 인해 선한 사람들이 그에 대응하는 기술을 개발해야 하는 수고를 하고 있다.

선거철이나 정치적 민감한 시기에는 어김없이 후보자 또는 그 가족들이 언론과 대중에게 신상을 검증, 아니 털리게 된다. 이때 후보자의 능력을 검증하는 것이 아니라 재미거리, 창피거리를 찾는 경우가 더 많다. 그중 논고, 논문표절 검증은 기본 소재거리이다. 그래야만 뉴스 시청률, 신문 구매 및 조회수 등이 올라가면서 관심도가 높아지고 돈벌이도 되기 때문이다. 연예인을 비롯한 유명인들도 소속사 또는 주변인들과의 갈등이 생길 때, 과거 석박사 논문이나 개인 인터넷 기록, 사생활 등이 강제 노출당하면서 곤욕을 치르기도 한다.

유명인사가 논문표절을 넘어 설령 대필 또는 구입을 했더라도, 모든 언론이 당사자가 나락으로 떨어질 때까지 집중포화를 하지 않는 이상 흐지부지되기 일쑤이다. 언론매체는 표절 당사자를 공격했을 때 대중의 관심이 얼마나 집중되고, 지속되어 수익 창출이 얼마나 되느냐가 관건일 뿐이다. 앞서 '기레기'편에서도 거론했듯 많은 언론은 배부른 돈을 따르지, 배고픈 정의를 쫓아가지 않는다.

본의와 다르게 우연이 겹쳐 원작과 일부 유사하거나 오해의 소지가 있는 경우를 제외하면 표절은 양심으로부터 비롯된다. 창작의 고뇌는 말로 형용하기 어려울 때가 많다. 이를 무색하게 노랫말이나 작곡의 경우, 천재적 재능이 있는 사람은 단 몇 분 만에 멜로디와 가사가 떠올라 완성했다는 경험담을 털어놓기도 한다.

하지만 세상에는 천재들만 있는 것도 아니고, 또한 천재들도 본인의 천재적 아이디어가 바닥을 드러내면, 범재들과 마찬가지로 표절의 유혹에 흔들리기도 한다. 이를 극복하지 못한 일부 천재들은 표절로 낭패를 당하기도 한다.

아무리 심한 표절을 했더라도 법적, 사회적으로 제재를 가하거나 심판하지 않으면 창작의 가치는 떨어지게 된다.

아무리 좋은 표절 검색프로그램이 개발되어 구입 및 설치하여, 사용하더라도 최종 결정권자가 표절을 묵인하면 아무런 의미가 없는 노릇이다. 앞서 매우 여러 차례 거론했듯 한국사회는 1990년대부터 우후죽순 대학이 늘어나다가 근래 들어 학령인구 감소와 지방대학의 차별 등으로 폐교가 증가하고 있다.

하지만 폐교 증가와 무관하게 석박사를 향한 갈구는 오히려 더 심해지고 있다. 한국사회에서 석박사 학위 취득은 순수학문을 연구하려는 목적 이외 스펙 및 인맥 쌓기 등에 이용하려는 사람들도 적지 않다.

교육정책의 실패에 더해 실력보다 학력을 우선시하는 사회 분위기다 보니 석박사 정도는 되어야 명함을 내밀 수가 있게 되었다. 이러니 표절, 대필, 매매 논문이 덩달아 활개를 치는 상황이 만들어지게 된 것이다.

위 상황이 전개되는 출발점인 대학은 논문표절 등이 거론되면 책임 회피하거나 피해자 행세로 돌변한다. 유명인사가 논문표절 등으로 언론에서 집중포화를 하면 해당 대학에서는 누가 봐도 바로 알 수 있는 논문표절을 두고도 저울질에 급급하다.

해당 대학은 이해타산과 정치적 입장을 따져 판단을 유

보하거나 좋은 보험상품으로 취급하며 간을 보는 것이 실제 현실이다. 논문표절 문제가 자주 반복되는데도 표절 여부를 즉각 판단하지 못하는 한국의 대학 수준이니 세계 유수의 대학들과는 경쟁력이 떨어질 수밖에 없는 일이다.

표절은 어느 시대를 막론하고 존재하기 마련이다. 실록에서도 여러 표절에 대해 언급한 내용이 있다.

『명종실록 12권, 명종 6년 8월 27일 임오 1551년 명 가정(嘉靖) 30년 홍문관 부제학 조사수가 올린 과거장에서 생긴 종이 문제에 대한 상차

홍문관 부제학 조사수(趙士秀) 등이 상차하기를,

"근래에 유자(儒者)들이 학업을 힘쓰지 않아서 표절을 일삼고 자사(子史)와 경적(經籍)은 전혀 연구하지 않습니다. 선비의 풍습이 이 지경이 되었으니 한심하다 하겠습니다. 대관이 이 폐단을 크게 염려하여 선왕(先王)의 수협법을 신명해서 과장(科場)을 엄숙하게 하고 사람들에게 학문을 근면히 하도록 권장하려는 것은 실로 아름다운 일입니다. 그러나 요즈음의 일로 보면 수협할 때의 모든 절목은 시의(時宜:그때의 사정에 맞는 것)에 맞지 않고 법을 적용하는 것도 근거없이 합니다. 서책을 수색하는 것은 장물(贓物)을 수색하는 것과 다른데, 수협관(搜挾官:과거 시험

장에 응시생이 책을 가지고 들어가는 부정행위를 단속하던 감시관의 일종)을 논공(論功)하고 사일(仕日:관원이 특정 관직에서 일한 근무 일수)로 쳐주는 것도 물정(物情)에 매우 맞지 않습니다. 게다가 수협관이 비록 낮고 미약하나 역시 공신의 후예(後裔)【충의위(忠義衛).】인데, 일시에 80여 인을 곤장쳤으니 원근(遠近) 사람이 듣고 놀라지 않은 자가 없었습니다. 그리고 자기 임무도 아닌데 대신하다가 파직된 금란관(禁亂官:법으로 금지하는 일을 하는 사람들을 잡아들이던 임시 관원) 또한 많으니, 이것이 어찌 법의 적용이 적절했다고 하겠습니까.

...하략..."』

조선시대 과거시험장에서의 부정행위는 심각했다. 돈을 받고 좋은 자리를 잡아 주는 사람도 있었고, 답지를 바꿔치기하는 등등 여러 행태가 있었다. 아무튼 위 실록에서 시험장에 몰래 책을 소지해 들어가는 것을 단속하는 수협관 직책이 있을 정도였으니, 요즘 각종 시험장에서 휴대전화, 전자기기 등 반입 금지 및 회수하는 것과 다소 유사하기도 하다.

옛 선비들도 학문에 힘쓰지 않고 표절을 일삼으며, 쉬운 길을 가려는 행동들이 실록으로도 확인된다. 세월이 아무리 바뀌고 시대가 변해도 사람의 본성은 한결같음을 여러 방면에서 확인할 수 있다.

그 나쁜 습성마저 단절되지 못하고, 굳건히 명맥이 유지되고 있으니, 여러 면에서 나라의 장래가 또 나쁜 굴레에 편승되지 않을까 노심초사이다.

저자 **김복수**

1962년 부산 출생
부산동고등학교
한국방송통신대학교
부경대 국제대학원 졸업
『서로 다른 죄책감』
『나는 일본을 이기고 싶다』
『우리 그리고 공감(연구용)』등 집필

서로 다른 애국심

초판 1쇄 발행 2024년 4월 1일

지은이 김복수
펴낸이 김동명 펴낸곳 도서출판 창조와 지식 인쇄처 (주)북모아

출판등록번호 제2018-000027호
주소 서울특별시 강북구 덕릉로 144 전화 1644-1814 팩스 02-2275-8577

ISBN 979-11-6003-715-9(03300)
정가 22,000원